1% 변화로 99%를 바꿔가는

_____ 님께 드립니다.

_____ 년   월   일

_____

1%만 바꿔도
인생이 달라진다

셀프 리모델링을 위한 **25**가지 프로젝트

1%만 바꿔도 인생이 달라진다

이민규 지음

더난출판

1%만 바꿔도 인생이 달라진다

© 2003, 이민규

초판 1쇄 발행 2003년 10월 25일
초판 65쇄 발행 2024년 1월 19일

지은이 이민규
펴낸이 신경렬

상무 강용구
기획편집부 최장욱 송규인
마케팅 박진경
디자인 박현경
경영지원 김정숙 김윤하

펴낸곳 (주)더난콘텐츠그룹
출판등록 2011년 6월 2일 제2011-000158호
주소 04043 서울시 마포구 양화로12길 16, 7층(서교동, 더난빌딩)
전화 (02)325-2525 | **팩스** (02)325-9007
이메일 book@thenanbiz.com | **홈페이지** www.thenanbiz.com

ISBN 978-89-8405-223-9 03320

모든 가능성을 다 시도해봤다 할지라도
여전히 가능성은 남아 있다

...

나는 왜 이 모양일까?

'어떤 자연현상이든 그것이 발생하게 된 데에는 반드시 원인이 있다' 는 인과법칙은 과학자들이 찾아낸 자연법칙 중 가장 위대한 법칙이다. 이 법칙은 자연현상뿐 아니라 인간의 삶에도 똑같이 적용된다.

동일한 두뇌 구조를 가지고 태어났는데 어떤 사람은 자신의 삶에 만족하면서 살아가고, 어떤 사람은 불행하게 살아간다. 왜 이리 다른 것일까? 나는 이를, 원하는 것과 그것을 얻는 방법 사이에 존재하는 인과법칙을 제대로 터득하고 있는 사람과 그렇지 않은 사람의 차이라고 생각한다.

'나는 왜 이 모양일까?' 하면서 스스로 만족하지 못했을 때, 나 자신을 돌아보면 몇 가지 문제점을 확인할 수 있었다. 첫째, 문제가 무엇인지를 정확하게 파악하지 못했다. 둘째, 문제가 생기면 그 원인을 외부에서 찾고 다른 사람이나 세상을 탓했다. 셋째, 비효과적인 해결방법을 반복해서 사용했다. 이는 나뿐 아니라 주변의 다른 사람들에게서도 공통적으로 관찰되는 현상이다.

문제가 무엇이건 그것을 해결하려면 몇 가지 과정을 반드시 거쳐야 한다. 먼저 문제가 있다는 사실을 인정하고 그것이 무엇인지 정확하게 파악해야 한다. 어떤 의미에서는 이 단계가 가장 중요하다. 문제가 무엇인지 모른다면 답도 구할 수 없기 때문이다. 문제를 정확하게 파악한 후에는 자신의 내부에서 문제의 근원을 찾아야 한다. 외부에서 찾으려 하면 할 수 있는 일이 아무것도 없기 때문이다. 문제의 근원을 확인하면 지금까지와는 다르게 생각하고 다른 방식으로 행동해야 한다.

지금까지와 다르게 살기를 원하는가? 그렇다면 우선 진정으로 원하는 게 무엇인지를 찾아야 한다. 그리고 지금까지 자신이 선택한 행동이 원하는 것을 얻게 해주었는지 확인해야 한다. 그리고 자신의 소망과는 거리가 먼 행동을 선택하면서 지내왔다면 보다 나은 선택이 무엇인지를 찾아야 한다. 그리고 전보다 효율적인 방법을 찾았다면 '지금 그리고 여기에서' 당장 실천에 옮겨야 한다

많은 여성들이 날씬한 몸매를 갖고 싶어하지만 모두가 날씬한

것은 아니다. 마찬가지로 누구나 행복한 삶과 성공을 원하지만 모두가 그렇게 되는 것도 아니다. 날씬한 몸매를 원하면서 기름진 음식을 선택하듯, 행복과 성공을 원하지만 그것과는 거리가 먼 생각이나 행동을 선택하기 때문이다.

이 책은 많은 사람들이 가진 부적절한 사고와 행동 패턴을 다루고 있다. 그리고 각 주제들은 크게 세 부분으로 구성되어 있다. 먼저, 우리가 원하는 곳과는 완전히 다른 방향으로 이끄는 사고와 행동 패턴들이 무엇인지를 알아보고, 그럼에도 왜 거기서 벗어나지 못하는지 그 이유를 찾아본 다음, 보다 나은 대안을 선택해 그것을 효과적으로 실천하려면 어떻게 해야 할지를 다루고 있다.

결과를 바꾸고 싶다면 반드시 원인을 바꾸어야 한다. 그러나 지금까지의 삶이 기대와는 정반대로 전개되고 있다고 해서 항상 180도의 전환이 필요한 것은 아니다. 오히려 1도의 관점 전환과 1퍼센트의 행동 변화만으로도 충분한 경우가 더 많다. 운전이나 사격을 해본 사람이라면 각도를 1도만 바꿔도 도착지점이 완전히 달라진다는 사실을 잘 알 것이다.

최첨단 과학이 총동원된 일에도 예외는 아니다. 1986년 발사 직후 공중 폭발한 우주선 챌린저호는 직경 0.28인치의 '오링O-ring'이라는 작은 부품 하나의 결함이 사고 원인이었으며, 2003년 1월 지구로 귀환 도중 폭발한 콜롬비아호 역시 왼쪽 날개에 작은 파편을 맞은 충격 때문에 폭발한 것으로 밝혀졌다.

치명적인 사고들이 대개 간단한 결함 때문에 발생한 것처럼 심각한 감정 문제 역시 하찮게 생각하는 태도 때문에 발생한다. 대부분의 위대한 발견들이 사소한 변화에 주목한 결과인 것처럼 조금만 관점을 바꾸면 지긋지긋한 일도 삶의 질을 완전히 바꾸는 즐거운 놀이가 될 수 있다. 사소한 일들도 부정적인 관점으로 접근하면 커다란 문제로 발전하고, 반대로 작은 일들도 긍정적인 방향으로 지속하면 위대한 성취로 이어진다. 1퍼센트의 미세한 차이가 180도 다른 결과를 가져올 수 있다는 사실을 받아들인다면 조만간 우리의 삶은 완전히 다른 방향으로 전개될 것이다.

독자 여러분이 이 책을 통해 각자의 삶에 커다란 영향을 미칠 수 있는 작은 습관들에 주목하고 이를 긍정적인 방향으로 변화시킬 수 있었으면 좋겠다. 그리고 이 책에서 제시한 것보다 더 효과적인 해결책들을 더 많이 찾아내서 지금보다 훨씬 풍요로운 삶을 누릴 수 있기를 간절히 희망한다.

끝으로 독자 여러분에게 부탁하고 싶은 것이 몇 가지 있다. 우선, 이 책을 읽을 때는 도서관에서 대출을 받은 책처럼 깨끗하게 보지 말고 반드시 연필이나 볼펜을 들고 새겨둘 글이 있으면 밑줄을 '좍좍' 긋고 별표, 느낌표, 의문부호 등 온갖 기호를 동원해 읽은 흔적을 확실하게 남겨두기 바란다. 이처럼 적극적인 자세로 책을 읽으면 기억에도 오래 남고 활용 가능성도 높아진다,

그리고 스스로에게 질문을 던지면서 읽기를 바란다. 책을 읽기

전에 먼저 왜 이 책을 선택했는지, 무엇을 얻으려고 하는지 스스로에게 물어야 한다. 많은 질문을 하면 많은 답을 얻게 되고, 멋진 질문을 하면 멋진 답을 얻을 수 있기 때문이다.

또 책의 내용에 무조건 동의하거나 맹목적으로 반대하지 말고 대안을 찾으면서 비판적으로 읽기 바란다. 사람에 따라 문제가 다르고, 같은 문제라도 상황에 따라 해결책이 달라질 수 있기 때문이다. 동의할 수 없거나 틀렸다고 생각하는 부분은 과감하게 ×표를 긋고 그보다 더 좋은 대안을 가능한 한 많이 찾아 여백에 적어보기 바란다. 인쇄된 내용을 자신의 언어로 전환시켜야 진정으로 자기의 것이 될 수 있다.

끝으로, 다 읽고 난 다음에는 자신이 남긴 흔적을 중심으로 다시 한번 책을 훑어보기를 권한다. 그러면 남이 쓴 것이 아닌 자신이 쓴 책을 읽는 기쁨을 맛보게 될 것이다. 그뿐 아니라 이 책을 통해 얻은 지식을 실천하고 싶은 욕망이 더욱 강렬해질 것이다.

이민규

1

저 높은 곳을 향하여

- 목표 설정과 계획

Goal
Setting & Planning

패자는 젊어서도 늙은이저럼 생각하시만
승자는 늙어서도 젊은이처럼 행동한다.

패자는 가능성을 두고도 한계점을 찾지만
승자는 한계상황에서도 가능성을 찾는다.

패자는 '이대로도 좋다' 라고 체념하지만
승자는 '이것 말고는 없을까?' 하고 더 나은 답을 구한다.

패자는 오를 수 있는 나무도 쳐다보지 않지만
승자는 못 오를 나무도 혼신을 다해 올라간다.

패자는 현실을 머리로만 꿈꾸지만
승자는 꿈을 행동으로 실현한다.

패자는 시작이 요란하고 말로 행위를 변명하지만
승자는 시작이 차분하며 말 대신 행위로 증명해 보인다.

새로 시작하기에 너무 늦은 때란 없다

어디에 있느냐는 중요하지 않다.
어디로 가고 있느냐가 가장 중요하다.
—올리버 웬델 홈스

　　모 일간지에서 성인남녀를 대상으로 학창시절로 다시 돌아간다면 가장 하고 싶은 일이 무엇인지 조사해서 그 결과를 보도한 적이 있다. 놀랍게도 '공부하고 싶다'가 66.9퍼센트로 1위를 차지했다. 학창시절에 그렇게 하고 싶던 '실컷 놀고 싶다'는 몇 위를 차지했을까? 2.6퍼센트로 꼴찌였다.

　　그렇다면 학창시절로 돌아가면 '공부를 하고 싶다'고 응답한 사람들은 현재 공부를 하고 있을까? 대부분은 아닐 것이다. 자신은 이미 때를 놓쳤다고 생각하면서 자식들에게만 '공부도 때가 있다'고 다그칠지 모른다.

사람들은 자기보다 어린 사람을 만나면 간간이 이런 말을 한다. "정말 좋을 때다. 나도 당신처럼 젊으면 뭐든 할 수 있을 텐데……." 하지만 이런 말을 하는 사람들 역시 자신보다 나이가 든 사람을 만나면 마찬가지의 말을 듣는다.

새로 시작하기엔 너무 늦었네요

언젠가 자신을 서른세 살의 평범한 샐러리맨이라고 소개한 남자에게서 메일을 받은 적이 있다. 그는 심리학을 전공하지는 않았지만 심리학에 관심이 있어 독학으로 공부해왔으며 훌륭한 임상심리학자가 되는 것이 꿈이라고 했다. 그러면서 임상심리학자가 되기 위한 방법을 물었다. 나는 최소한 석사과정 2~3년, 임상 수련 3년 정도가 필요하기 때문에 적어도 5~6년 정도 걸리고, 박사과정까지 생각한다면 10년 정도는 공부해야 이 분야에서 일할 수 있다는 답장을 보냈다.

그는 마흔세 살이 되어서야 그 일을 할 수 있다면 포기해야겠다는 답장을 보내왔다. 결국 자신은 새로 시작하기에는 너무 늦었다는 말이었다. 나는 다시 보낸 답장에서 그에게 이렇게 물었다. "당신이 원하는 일을 하지 않으면서 10년을 보낸다면 그때는 몇 살이 됩니까?"

원하지 않는 일을 하면서 보내든, 정말 하고 싶은 일을 준비하면서 보내든, 그는 10년 후에 마흔세 살이 될 것이다. 그러나 일흔 살까지 산다고 가정했을 때, 그가 어떤 선택을 하느냐에 따라 나머지 37년을 후회하면서 살 수도 있고 정말 원하는 일을 하면서 살 수도 있을 것이다.

현재의 삶에 만족하지 못하는 대부분의 사람들은 지금과는 다른 삶을 갈망한다. 그런데도 그들 중 대부분은 지금까지와는 다른 방식으로 살려고 시도하지 않는다. 대신 그에 대한 한 꾸러미의 변명 리스트를 가지고 다닌다. 나이가 들면서 사람들이 흔히 내세우는 변명은 '나이가 너무 많다'는 것이다. 그런데 정말 나이 때문이라고 변명해도 되는 것일까?

늙었다고 생각하면 늙은이처럼 행동하게 된다

오래전에 알코올 중독 환자를 면담한 적이 있다. 그의 아버지 역시 알코올 중독으로 사망했다. 중독이 된 이유를 묻자 "유전인가 봐요. 그런 아버지한테서 태어났으니까요."라고 답했다. 얼마 후 그의 동생을 만났는데, 그는 훌륭한 인품을 갖춘 사람으로 규모는 작지만 자기 사업을 탄탄하게 꾸려가고 있었다. 그에게 술을 마시는지 묻자 그는 이렇게 되물었다. "그런 아버지 밑에서 자랐는

데 제가 어떻게 술을 마실 수 있겠습니까?"

같은 아버지 밑에서 자랐는데, 형제가 어쩌면 이렇게 다를 수 있을까? 놀랍게도 두 형제 모두 "그런 아버지 밑에서 자랐는데 저처럼 되지 않을 수 있겠습니까?"라고 반문하고 있었다. 그들이 그토록 상반된 행동을 한 것은 환경 때문이 아니라 그 환경에 부여하는 의미가 달랐기 때문이다. 형은 아버지가 알코올 중독자였다는 사실을 자신의 문제에 대한 책임을 회피하고 변명하는 구실로 삼았다. 반면, 같은 사실을 동생은 알코올 중독에 빠지지 않게 해주었던 계기로 삼았다.

우리가 할 수 있다고 생각하든 할 수 없다고 생각하든 그것에는 우리가 가진 능력보다는 능력에 대한 우리의 믿음이 더 중요하게 작용한다. 아무리 젊더라도 스스로 '시작하기엔 너무 늦은 나이'라고 믿는다면 아무것도 시작할 수 없다. 할 수 있는 방법을 찾지 않기 때문이다. 그러나 아무리 나이가 많아도 '지금도 늦지 않은 나이'라고 믿는다면 무엇이든 할 수 있다. 어떻게든 할 수 있는 방법을 찾기 때문이다.

심리학자 앨렌 랭거는 나이 든 사람들이 노인처럼 행동하는 데는 나이에 대한 믿음이 매우 중요하게 작용할 것이라고 생각했다. 그래서 재치 있는 실험을 통해 구부정하고 천천히 걷거나 무거운 것을 들지 못하는 노인들의 행동이 단순히 신체적인 기능 때문이 아니라, 그들이 갖고 있는 노인에 대한 고정관념 때문임을 증명해 냈다. 그녀는 한 집단의 노인들에게는 지금 스무 살이라고 상상하라고 지시했다. 또 다른 집단의 노인들에게는 과거 자신이 스무 살이었을 때를 회상하라고 요청했다.

며칠간의 실험과정을 거친 후에 노인들의 지적 기능과 신체적 기능을 측정했다. 연구 결과는 놀라웠다. 자신이 '현재' 스무 살의 젊은이라고 상상하면서 행동했던 사람들은 '과거' 스무 살 때의 모습을 회상하기만 했던 사람들에 비해 지적 기능이 현저히 좋아졌다. 자세나 걸음걸이와 같은 외형적인 변화는 물론, 시력도 좋아졌다. 이 연구 결과는 자신에 대한 믿음이 우리의 정신과 육체에 얼마나 막강한 영향을 미치는지를 여실히 보여준다.

'난 원래 이런 사람이야' 라는 생각은 자신을 변화시키는 것이 불가능하다는 믿음을 의미한다. 그래서 사람들은 자신이 믿고 있는 자신의 모습과 일치되게 행동하는 경향이 있다. 예컨대, '난 원래 내성적인 사람이다' 라고 굳게 믿고 있는 사람은 항상 내성적으로 행동한다. 그래서 내성적인 성격에서 벗어나지 못한다. 내성적인 성격에서 벗어날 수 있는 유일한 방법은 자신에 대한 믿음을 바꾸는 것이다. 즉, '나는 내성적인 사람이 아니다' 혹은 '나는 외향적인 사람이다' 라는 믿음으로 바꾸는 것이다.

새로 시작하기에 너무 늦은 때란 없다

영국의 권위 있는 문학상인 부커상을 수상한 소설가 피넬로프 피츠제럴드는 알코올 중독자인 남편 때문에 혼자서 가족을 부양하느라 쉰 살이 되도록 글을 쓸 엄두를 내지 못했다. 그러나 부양의 짐을 벗은 후부터 소설을 쓰기 시작해 20년 동안 열두 편의 소설을 집필했으며, 여든 살로 생을 마감할 때까지 영국 최고의 소설가로 인정받았다.

1913년 쉰두 살의 나이에 노벨 문학상을 받은 인도의 시성 타고르가 그림을 그렸다는 사실을 아는 사람은 별로 없다. 그러나 그는 일흔 살부터 그림을 그리기 시작했으며, 지금은 인도 근대 회화의 선구자로 평가받고 있다.

군이 멀리서 찾을 필요도 없다. 이 땅에서 우리와 함께 살아가는 사람들 중에서도 비슷한 사례를 얼마든지 찾을 수 있다. 소설가 박완서 선생 역시 마흔 살인 1970년에 월간지 장편소설 공모에 《나목》이 당선되면서 소설을 쓰기 시작해 한국 문단의 거목이 되었다. 스물여섯에 남편을 잃고 삯바느질과 행상을 하면서 남매를 키운 김안수 할머니는 쉰아홉에 가수로 데뷔했다. 그녀는 6년 동안 다섯 개의 음반을 발표했으며 노래교실 강사로도 활발한 활동을 하고 있다.

2003년 1월, 초등학교 교장을 지낸 이운봉 옹(80세)은 대학졸업 50여 년 만에 어느 대학의 관광일어통역과에 지원해 합격했다. 그는 "기억력과 청력이 떨어져 걱정이지만, 반드시 통역사 자격증을 따 일본인들에게 우리나라를 바르게 알리는 자원봉사 활동을 하고 싶다."고 포부를 밝혔다. 이들에게 물리적 나이는 단지 숫자에 불과했다.

'서른이나 됐는데 이 나이에 뭘……', '벌써 마흔인데, 뭔가를 새로 시작한다는 게……'라고 체념하는 사람들이 많다. 나이가 드는 것은 아무도 막을 수 없다. 그러나 정신을 젊게 유지하는 것은 누구나 스스로 선택할 수 있다. 정신과 의사 앨프레드 아들러는 "인간은 자신의 입장을 선택함으로써 운명을 변화시킬 수 있다."라고 주장했다. 그가 설립한 비엔나 청소년 상담 센터 입구에는 이런 격문이 붙어 있다. "너무 늦은 때란 결코 없다It Is Never Too Late!"

무엇인가를 새로 시작하기에 늦은 나이란 결코 없다. 타고르가 그림을 그리기 시작한 70세가 되려면, 이운봉 옹이 대학에 다시 입학한 80세가 되려면 여러분은 앞으로 몇 년이나 남았는가?

Think Think Think !

✣어린 시절로 돌아간다면 다시 해보고 싶은 일은 무엇인가?

✣내가 지금까지 그 일을 시작하지 않은 이유는 무엇인가?

✣지금 뭔가 새롭게 시작한다면 무엇을 어떻게 할 것인가?

당장 고쳐야죠!

일요일 아침 예배 시간에 신앙심이 깊은 신도 한 명이 맨 앞줄에 앉아 있었다. 설교가 시작되었는데, 그가 갑자기 신발 한 짝을 벗는 것이었다. 예배 중에 이처럼 기이한 행동을 하자 사람들이 소리를 죽이며 웃었다. 사람들의 관심이 모두 그에게 쏠렸다. 신발을 벗은 그는 다시 양말을 벗기 시작했다.

그러자 목사가 설교를 중단하고 그에게 무슨 일이냐고 물었다. 그 신도가 말했다. "별일 아닙니다. 양말 한 짝을 뒤집어 신은 것을 발견해서요."

목사가 점잖게 말했다.

"그렇다면 형제여, 예배가 끝날 때까지 기다렸다가 양말을 고쳐 신을 수는 없겠습니까?"

"아닙니다, 목사님. 잘못된 게 있으면 당장 고쳐야죠. 성경 말씀처럼요."

- 오쇼 라즈니쉬 《배꼽》 중에서

02

성공하는 사람이 따로 있는 것은 아니다

재능이 없다고 말하는 사람들은 대
부분 별로 시도해 본 일이 없는 사람
들이다.

—앤드류 매튜스

박찬호가 받는 거액의 연봉이나 박세리의 어마어마한 게
임 상금에 대한 보도를 보면서 이렇게 말하는 사람들이 있다. "정
말 대단해! 그런 소질을 타고났으니 얼마나 좋을까?" 빌 게이츠에
대한 기사를 읽으면서 이렇게 중얼거리는 사람들도 있다. "정말
엄청 버는군, 역시 타고난 천재야. 난 왜 그런 머리를 갖고 태어나
지 못했을까?"

많은 사람들이 위대한 인물들이나 성공한 사람들의 타고난 재
능과 그들의 성공을 부러워한다. 그리고 자기는 그러한 재능을 타
고나지 못했다며 불공평한 세상을 원망한다. 그러면서 '성공하는

사람은 따로 있다' 라고 생각하며 그들이 이룬 결과만을 동경한다. 도대체 왜 그런 걸까? 왜 성공한 사람들이 그 자리에 서기까지의 과정은 배우려 하지 않는 걸까?

재능에 대한 관점 : 불변이론 대 증진이론

사람들은 재능에 대해 각기 다른 견해를 갖고 있다. 어떤 사람들은 재능은 타고나는 것이며 노력과 무관하게 주어지는 것이라고 생각한다. 반면 어떤 사람들은 재능이란 갈고닦기 나름이며, 노력하면 얼마든지 계발된다고 믿는다.

심리학에서는 전자의 견해를 '불변이론Entity Theory' 이라 하고, 후자의 견해를 '증진이론Incremental Theory' 이라 한다. 드웩이라는 심리학자는 실험을 통해 각각의 견해를 가진 사람들을 비교했다. 연구 결과, 두 집단은 목표 설정 및 달성 과정에서 두드러진 차이를 보였다.

첫째, 불변이론 지지자는 도전정신이 부족하고 자신의 재능에 맞게 목표를 낮춰 잡았다. 성과란 재능에 의해 결정된다고 생각하기 때문이다. 가진 재능보다 높은 목표를 설정하면 당연히 실패하게 될 것이라고 판단하고, 그렇게 되면 자존심이 손상되므로 이를 피하기 위해 목표를 낮게 설정한다.

그렇다면 증진이론 지지자들은 어떨까? 그들은 자신이 가진 재능보다 높은 수준의 목표를 선호한다. 왜냐하면 높은 목표에 도전할 때 더 많이 배우게 되고, 그것을 통해 자신의 재능을 증진시킬 수 있다고 믿기 때문이다. 그들은 실패했을 때조차도 그것을 통해 뭔가 얻을 수 있다고 생각한다.

둘째, 불변이론 지지자들은 노력을 적게 하며, 어려움에 직면하면 쉽게 포기한다. 성공은 타고난 재능에 따라 좌우된다고 생각하기 때문에 노력하는 것은 그들에게 아무런 의미가 없다. 그래서 그들은 재능이 없다는 것을 핑계로, 아무 노력도 하지 않는 자신을 정당화한다. 결과적으로 재능이 없음을 재확인하게 된다.

증진이론 지지자들은 어떨까? 그들은 실패했을 때도 쉽게 포기하지 않고 더 많이 노력한다. 성패를 좌우하는 것은 타고난 재능이 아니라 노력이나 방법이라고 믿기 때문이다. 그래서 그들은 끊임없이 노력하고, 새로운 해결책을 탐구하여 결국은 뭔가를 이루어낸다. 결과적으로 재능을 다시 확인하게 된다.

믿는 대로 이루어진다

오래전 미국이 불경기로 허덕일 때의 일이었다. 한 은행이 망해 예금을 인출할 수 없을 것이라는 소문이 돌았다. 그리고 소문을 들은 많은 사람들이 은행으로 달려가 예금을 인출해갔다. 은행의 잔고는 금방 바닥이 났고 결국 파산하고 말았다. 단지 소문이었던 일이 사실이 된 것이다. 사회학자 로버트 머튼은 이러한 현상을 '자성예언自成豫言 : Self-fulfilling Prophecy' 이라고 명명했다. 이 말은 기대를 하게 되면 기대와 같은 결과가 일어난다는 뜻이다.

'성공하는 사람은 따로 있다', '나는 특별한 재능을 타고나지 못했다' 고 믿는다면 결코 성공할 수 없다. 이는 세 가지 단계를 거치게 된다. 첫째, 스스로 재능이 없다고 판단한다. 둘째, 일단 재능이 없다고 믿으면 그것과 일치되게 목표를 낮게 잡거나 노력하지 않는다. 셋째, 그 결과 성공을 경험할 수 없게 된다. 결과적으로 재능이 없다는 증거를 확보하게 되어 더 이상의 시도가 필요없다고 믿게 된다.

당신이 사주팔자를 철석같이 믿고 있는 사람이라고 치자. 소문난 점술가가 이렇게 말한다. "아, 대단한 사주로 태어났군요. 정말 멋진 인생을 살게 될 겁니다." 그럴 때 당신은 이렇게 반문할지 모른다. "뭐라고요? 전혀 아닌데요?" 그런데 몇몇 다른 점술가들도 같은 말을 한다. 그렇다면 당신의 태도는 어떻게 달라질까? 달라진다면 왜 달라질까?

뭔가 성취하기를 원한다면 반드시 해야 할 일이 하나 있다. 스스로에게 '재능이 없다' 는 믿음을 단호하게 거부하는 것이다. 재능을 갖고 있다는 확고한 신념이 없으면 아무리 놀라운 재능을 갖고 있어도 소용이 없다. '나는 재능이 없다'고 믿는 것은 우리에게 치명적인 영향을 미친다.

자기만의 재능을 찾는 네 가지 방법

자신의 재능을 발견하려면 다음과 같은 몇 가지를 검토해야 한다. 첫째, 평소 동경하던 일이 무엇인지 찾아보라. 누구나 어떤 일은 별다른 이유 없이 싫어하는 반면, 어떤 일에는 이상하게 더 끌린다. 어떤 일을 오랫동안 동경했다면 반드시 대뇌의 신경생리학적 구조가 그 분야의 일을 잘할 수 있도록 발달되어 있을 것이기 때문이다.

둘째, 특별히 배운 적이 없는 데도 방법을 잘 알며 별로 노력을 기울이지 않고도 쉽게 이뤄냈던 일이 무엇인지를 생각해보라. 화가 마티스는 스물한 살 때까지 그림을 그리고 싶은 생각도, 붓을 제대로 쥐어본 적도 없었다. 그런데 어느 날 어머니로부터 미술도구를 선물받은 후로 미친 듯이 그림 그리는 데 빠져들었다. 자신이 해왔던 일 중 유난히 학습속도가 빠른 것이 있다면 거기에 주의를 기울여봐야 한다.

셋째, 어떤 일에 빠져들어 시간 가는 줄 몰랐던 때를 떠올려보라. 더 많이 배우고 싶어하며, 시간 가는 줄 모르게 몰입하고, 그 일을 하지 않을 때는 '언제 또 그 일을 할 수 있을까?' 하면서 기다려지는 일이 있다면 그것은 여러분이 그 일에 만족하며 재능을 발휘할 수 있다는 증거이다.

물론, 이 세 가지 모두를 검토해도 재능에 대한 확신이 서지 않을 수 있다. 그럴 경우에는 주변 사람들에게 물어보라. 때로는 자기 자신보다 다른 사람들이 더 객관적으로 볼 수 있기 때문이다. 그래도 답을 찾을 수 없는 경우도 있지만 걱정하지 말자. 하던 일을 다른 관점에서 봄으로써 재능을 계발한 사람들도 많기 때문이다.

타고나면서부터 재능을 발견하는 사람은 없다

타고난 재능이 없다고 핑계를 대고, 적성에 맞지 않다고 불평하면서 현재에 최선을 다하지 않는 사람이 많다. 반면, 어떤 재능을 갖고 있는지는 모르지만 주어진 상황에서 최선을 다하는 사람도 있다. 미국의 백만장자들에 대한 한 조사 결과에 따르면 '처음부터 자기가 하는 일에 대한 재능을 발견해 미치도록 그 일을 좋아했다'고 말하는 사람은 의외로 적었다. 오히려 '시간이 지나면서 그 일에 대한 사랑 때문에 성공할 수 있었다'고 말하는 사람이 80퍼센트에 달했다고 한다.

이는 재능을 발견할 때까지 기다리지만 말고 현재 하고 있는 일을 다른 관점에서 바라보고 최선을 다하면 재능이 계발될 수 있다는 것을 의미한다.

내가 《생각을 바꾸면 세상이 달라진다》는 책을 내고 얼마 지나지 않아 오랫동안 만나지 못한 친구로부터 전화가 걸려왔다. 그는 신문의 베스트셀러 순위 기사에서 저자 이름을 보고 내 생각이 나서 전화했다고 했다. 내가 그 책의 저자라고 했더니 그는 정말이냐고 반문했다. 나중에 만나서 들은 얘기지만, 그는 내가 대학교수가 되어 있다는 사실도 의외였지만, 책을 쓸 거라고는 상상도 못했다고 했다.

나 역시 전에는 내가 심리학이나 글쓰기에 재능이 있다고 생각해본 적이 없다. 사실 대학에 다닐 때만 해도 교수가 된다는 것은 상상도 못했으며, 대학교수가 되어서도 '책을 쓰는 사람은 따로 있다'고 생각했었다. 다만 공부를 하면서 좀더 재미있게 할 수 있는 방법을 생각하는 데 많은 시간을 할애했으며, 학생들을 가르치면서 그들이 강의를 재미있게 들을 수 있게 하기 위해서 무엇을 해야 하는지 스스로에게 묻기를 반복했다. 그리고 학생들에게 도움이 될 수 있는 강의를 위해 오랜 시간 자료를 수집하고, 공부하고, 메모했다. 그러다가 마흔이 넘어서야 비로소 그 내용들을 정리하면 책으로 만들 수 있지 않을까 하는 생각을 하게 됐다.

모차르트나 에디슨처럼 대단한 능력을 발휘해야만 재능을 발휘했다고 할 수 있는 것은 아니다. 아이를 키우는 부모든, 자동차를 판매하는 세일즈맨이든 지금 하고 있는 일에 열정을 갖고 배우면 얼마든지 재능을 발휘할 수 있다. 그리고 지금 하고 있는 일에서 재능을 발휘하고자 한다면 해야 할 일이 하나 더 있다. 그것은 앞서 간 사람을 보고 배우는 것이다.

앞서 간 사람에게 길을 물어보자

가고자 하는 곳을 가장 쉽게 찾아가는 방법은 그곳에 가본 사람에게 길을 물어보는 것이다. 자기 분야에서 재능을 발휘하고 싶을 때도 마찬가지다. 그 분야에서 탁월한 업적을 이룬 사람이 누구인지를 먼저 찾아야 한다. 왜냐하면 누군가가 큰일을 해냈다는 것은 당신도 그 일을 성취할 수 있다는 가장 확실한 증거이며, 그들을 통해 그 과정을 더 쉽게 배울 수 있기 때문이다. 산 정상에 올라갔다 내려오는 사람들은 산을 오르는 사람이 길을 물으면 기꺼이 그 길을 가르쳐준다. 어떤 분야에서 앞서 간 사람들 역시 뒤따라오는 사람들에게 자신의 지혜를 가르쳐주는 것을 보람으로 여기는 경우가 의외로 많다.

어느 날, 한 학생이 논문계획서 제출 마감 시한이 임박했는데도 주제를 잡지 못했다며 자포자기 상태로 연구실을 찾았다. 최선을 다했느냐는 내 질문에 그 학생은 "최선을 다해 자료를 수집했으나 아직 주제를 잡지 못했다."라고 말했다. 나는 그가 최선을 다한 것 같지 않다고 말하면서 '왜 내게 도움을 청하지 않았느냐'고 물었다. 나는 평소 학생들에게 논문 주제를 정해주지는 않으니 각자가 최선을 다해 잡으라고 말한다. 최선을 다한다는 것은 다른 사람에게 도움을 청하는 것까지 포함한다.

앞서 간 사람에게 도움과 지도를 요청하는 것은 주도성의 가장 우아한 형태이다. 또한 그것은 재능을 계발할 수 있는 중요한 계기와 예상치 못한 기회를 제공하기도 한다. 도움을 줄 수 있는 사람을 직접 찾아갈 수도 있지만 책을 통해서도 그들을 만날 수 있다. 그들이 어떤 과정을 통해 그런 위치에 도달하게 되었는지 그 과정을 배울 수 있다면 자신이 원하는 위치에 도달하는 것이 한결 쉬워진다. 도움을 청하지 않는 것은 관심이 부족하다는 것이고, 묻지 않는 것은 배우고 싶지 않다는 것이다.

얼마 전 졸업생 한 명이 찾아와 자기가 하고 있는 일에 재능이 없는 것 같다며 고민을 털어놓았다. 나는 먼저 그 분야에 대해 얼마나 공부했냐고 물었다. 예상대로 그는 따로 공부한 것이 별로 없다고 했다. 나는 그에게 업무시간 외에 적어도 하루에 세 시간씩 3년 이상 그 분야에서 앞서 간 사람들이 쓴 책을 읽고 그 지식을 활용한 다음에 결론을 내리라고 제안했다. 어떤 분야든 그 분야에 대한 지식 없이는 절대 재능을 발휘할 수 없다.

재능을 계발할 수 있는 가장 좋은 방법 중 하나는 성공한 사람들이 그것을 이루기까지의 과정을 배우는 것이다. 그들이 재능을 살리기 위해 얼마나 피나는 노력을 했는지 알게 되면 '성공하는 사람은 따로 있다'는 말이 쏙 들어갈 것이다. 그리고 나도 그들처럼 노력하면 얼마든지 성공할 수 있다는 생각을 하게 될 것이다.

피카소에 대한 일화가 있다. 한 여인이 파리의 카페에 앉아 있는 피카소를 알아보고 그에게 다가와 적절한 대가를 지불할 테니 자신을 그려달라고 부탁했다. 피카소는 몇 분 만에 여인의 모습을 스케치해 주었다. 그리고는 50만 프랑(약 8천만 원)을 요구했다. 여자가 놀라서 항의했다. "아니 선생님은 그림을 그리는 데 불과 몇 분밖에 걸리지 않았잖아요." 피카소가 대답했다. "천만에요. 나는 당신을 그리는 데 40년이 걸렸습니다."

자신에 대해 찬사를 아끼지 않는 사람들을 향해 미켈란젤로 역시 "내가 지금의 경지에 이르기 위해 얼마나 열심히 일하고 또 일했는지 사람들이 안다면 내가 하나도 위대해 보이지 않을 것이다."라고 말했다. 흔히 거장이라고 하는 사람들도 처음부터 재능이 특출났던 것은 아니다. 그들은 다만 재능을 살리기 위해 보통사람들과는 다른 목표를 갖고, 다른 방식으로 생각하고, 달리 행동했기 때문에 그것이 가능했다. 성공하는 사람이 따로 있기는 하다. '성공하는 사람은 따로 있다' 는 말을 믿지 않는 사람들이다. 타고난 재능이 없다고 한탄하지 말자. 대신, 성공한 사람들이 어떤 생각을 갖고 어떻게 행동했는지를 먼저 배우자.

Think Think Think !

✣ 나는 불변이론 지지자인가? 증진이론 지지자인가?

✣ 내 분야에서 재능을 발휘한 사람들의 특징은 무엇인가?

✣ 재능을 계발하기 위해 나는 이제 무엇을 해야 하는가?

위대한 과학자들의 IQ

심리학자 랭거와 톰슨은 사람들에게 최고의 신약을 개발하거나 위대한 발명을 한 과학자들의 지능을 추정하도록 했다. 한 집단에게는 과학자들이 업적을 남기기까지의 일련의 단계들과 그들이 쏟았던 노력, 실패 과정에 대해 상세하게 설명했다. 그리고 다른 집단에게는 단지 과학자들의 업적이 얼마나 훌륭한지에 대해서만 소개했다.

업적을 이룰 때까지의 과정에 대해 설명을 들었던 피험자들은 성취 결과만을 소개받았던 사람들에 비해 과학자들의 IQ를 훨씬 낮게 평가했다. 그들은 위대한 과학자들의 IQ가 자신의 IQ와 그다지 큰 차이가 없다고 판단했다.

위대한 성취가 목표를 향해 체계적으로 접근하고, 포기하지 않고 끝없이 도전한 결과라는 사실을 알고나면, 우리가 갖고 있는 '성공하는 사람은 따로 있다' 는 잘못된 신념은 과감하게 버릴 수 있다. 모든 성취에는 그것을 만들어낸 과정이 있으며, 그것은 재능보다 중요하다. 그리고 이 단계들을 배우게 되면 당신도 위대한 일을 할 수 있다.

03

출발하기 전에
갈 곳을 확실히 정한다

어디로 가고 있는지를 모른다면,
우리는 결국 전혀 다른 곳에 도착할
것이다.

—로버트 W. 올슨

"커서 뭐가 될래?" 부모들이 아이들에게 가장 흔히 던지는 질문 중 하나이다. 어른들은 왜 아이들에게 이런 질문을 할까? 우선은 자녀들이 자기보다 더 나은 삶을 살기를 바라기 때문이다. 그리고 목표가 뚜렷하면 동기가 강해지고, 동기가 강하면 목표를 달성할 가능성이 더 높다는 사실을 알고 있기 때문이다.

그러면 그 어른들은 어떨까? 아이들에게는 목표가 중요하다고 강조하면서도 정작 자신은 그렇지 못한 경우가 많다. "그냥 되는 대로 살래.", "어떻게 되겠지.", "할 만큼 했어.", "목표? 세우면 뭐해!" 하며 자포자기하고 만다. 그러나 목표는 아이들에게만 필요한 것이 아니다.

목표를 갖지 않는 이유

잠시 책읽기를 중단하고 진정으로 원하는 삶의 목표가 무엇인
지를 머릿속에 떠올려보자. 선명한 그림이 그려지는가? 아니라면
그 이유가 무엇인지부터 파악해보자. 목표의 중요성을 인정하면
서도 그것을 갖고 있지 않다면 거기에는 반드시 이유가 있다. 그
이유는 무엇일까?

첫째, 현재의 상태가 부분적으로라도 만족감을 제공해주기 때
문이다. 예컨대, 몸에 해롭다는 것을 알면서도 금연을 하지 않는
이유는 흡연이 '긴장 해소'와 같은 심리적 순기능을 갖고 있기 때
문이다. 심리학에서는 이것을 '부수적 이득Secondary Gain'이라
고 한다.

둘째, 목표를 갖게 되었을 때 감당해야 할 부담이 싫기 때문이
다. 예를 들어, 매일 아침 일찍 일어나 조깅을 하겠다는 목표를 세
우면 적어도 두 가지, 즉 더 잘 수 있는 시간과 뛰는 노력을 투자해
야 한다. 건강에는 운동이 최고라고 말하는 사람들 중에도 운동보
다 보약을 선호하는 사람들이 많다. 규칙적인 운동이 귀찮고 힘들
기 때문이다.

셋째, 즉각적인 만족을 줄 수 있는 유혹들에 휘둘리기 때문이다. 예를 들어 텔레비전 시청, 인터넷 채팅, 수다 떨기, 쇼핑 등은 일단 재미가 있다. 그러나 외국어 공부를 꾸준히 하는 것이나 매달 일정액을 저금하는 것은 장기적으로 더 큰 만족감을 준다는 것을 알지만 당장은 부담스럽고 재미가 없다.

넷째, 실패와 그로 인해 자존심이 상하는 것을 두려워하기 때문이다. 목표란 항상 실패할 위험을 수반한다. 부자가 되는 것이든, 공부를 잘하는 것이든, 아니면 체중을 줄이는 것이든 일단 목표를 잡으면 실패할 가능성은 얼마든지 있다. 목표 달성이 불가능하다고 생각하면 사람들은 흔히 '목표를 갖지 않는 것' 으로 위안을 삼는다. 왜 그럴까? 좌절감은 목표 달성에 실패했을 때 겪게 되며 목표가 없으면 좌절감을 느끼지 않아도 되기 때문이다. 많은 사람들이 좌절감으로 자신에게 실망할까 두려워 무의식적으로 목표 설정하기를 거부한다.

하지만 잊지 말아야 할 것이 있다. 항상 하던 대로만 한다면 늘 얻었던 것만 얻게 된다는 사실이다. "모든 물체는 자신에게 힘이 가해져 현재 상태를 바꾸도록 강요받지 않는 한, 정지상태로 있거나 직선 방향으로의 등속운동을 계속한다." 이와 같은 뉴턴의 제1 운동법칙은 인간의 행동에도 적용된다. 인간은 매우 고집스런 동물이기 때문에, 다른 곳으로 이동하기 위해 스스로 강한 충격을 가하지 않는 한 영원히 그 자리에 머물 수밖에 없다. 설사 아무리 강한 충격을 가하더라도 방향을 제대로 잡지 못하면, 우리는 전혀 엉뚱한 곳으로 가게 될 뿐이다. 그래서 목표가 필요하다.

가야 할 곳을 알아야 하는 까닭

나폴레온 힐은 여러 분야에서 성공한 사람들을 조사해서 그들이 갖고 있는 공통점을 찾아냈다. 성공한 사람들은 하나같이 확고한 목표와 목표에 대한 집요함을 가지고 있었다. 이는 그들이 갖고 있는 천재성이나 그 외의 어떤 특성들보다 우선했다.

목표가 없으면 성공은 불가능하다. 성공이 무엇인지 정해놓지 않으면 결코 거기에 도달할 수 없다. 그래서 가야 할 곳을 안다는 것은 정말 중요한 일이다. 목표가 우리의 삶에 어떤 도움이 되는지를 구체적으로 살펴보자.

첫째, 선택에 대한 확실한 지침을 제공해준다. 우리는 한정된 시간에 선택해야 할 일이 너무 많은 세상에 살고 있다. 목표는 우리가 원하는 것을 달성할 수 있는 활동에만 초점을 맞추게 하며, 가치 없는 일에 시간을 낭비하지 않게 도와준다. 내면 깊숙이 '이것을 하겠다'는 강렬한 욕구가 있을 때 '저것은 하지 않겠다'고 말하는 것은 어렵지 않다.

둘째, 역경 속에서도 쉽게 포기하지 않게 한다. 정신과 의사 빅터 프랭클은《죽음의 수용소에서》에서 나치 수용소에서 끝까지 살아남은 사람들에 대해 이렇게 말했다. "그들은 가장 건강한 사람도, 가장 영양 상태가 좋은 사람도, 가장 지능이 우수한 사람도 아니었다. 그들은 살아야 한다는 절실한 이유와 살아남아서 해야 할 구체적인 목표를 가진 사람들이었다. 목표가 강한 의욕과 원동력을 지속적으로 제공했기 때문이다."

셋째, 지겨움을 줄여주고 성취감을 갖게 한다. 목표 없이 하는 일은 달성 여부를 확인할 수 없기 때문에 쉽게 지겨워진다. 방을 정리하는 것과 같은 사소한 일도 목표를 정하고 하면 지겨움이 훨씬 덜하다. 그뿐 아니라 목표를 달성했다는 성취감도 느낄 수 있다.

넷째, 효과적인 해결 방법을 찾게 해준다. 목표를 정하면 주변의 사물들을 목표와 관련지어 새롭게 인식하게 되고, 필요한 정보들이 눈에 띄며, 새로운 아이디어가 떠오르게 된다. "개 눈에는 똥만 보인다"는 속담처럼 우리의 대뇌에는 흥미를 느끼는 정보에만 선택적으로 관심을 기울이게 하는 필터가 있기 때문이다. 심리학에서는 이를 '선택적 주의Selective Attention' 현상이라고 한다.

삶에 목표가 없는 것은 축구장에 골대가 없는 것과 같고 활터에 과녁이 없는 것과 같다. 골대와 과녁이 없다면 골인과 명중은 있을 수 없다. 그래서 명확한 목표가 필요하다.

끝을 생각하면 시작이 달라진다

나는 상담하러 온 사람들에게 가끔 자신의 묘비명이나 사망 기사를 쓰도록 요청한다. 죽음에 직면하게 되면 삶의 유한성에 대한 자각이 증가하게 되어 삶을 바라보는 시각이 완전히 달라질 수 있기 때문이다. 사람들은 한계 상황에 직면하면 자신에게 주어진 축복에 감사하고 진정으로 원하고 해야 할 일이 무엇인지를 진지하게 따져보게 된다. 따라서 현재의 삶이 만족스럽지 않다면 죽음을 어떻게 맞이할 것인지를 머릿속에 떠올려봐야 한다.

우리가 자신에 대해 가장 확실하게 알고 있는 세 가지가 있다. 첫째, 이 세상에 태어났다는 사실이다(과거). 둘째, 언젠가는 죽는다는 사실이다(미래). 셋째, 아직 죽지 않았다는 사실이다(현재). 과거와 현재 그리고 미래는 하나의 선으로 연결될 수 있는데 이것을 생명선이라고 하자. 그리고 이 생명선을 통해 우리의 삶을 검토해보자.

아래에 직선이 하나 그려져 있다. 그 선을 당신의 생명선이라고 하자. 왼쪽 끝은 '출생', 오른쪽 끝은 '사망' 이라고 적어놓았다.

출생	남아 있는 시간	사망
0세	( )년	( )세

우선 우측 하단의 괄호 안에 사망 나이를 기입하자. 여기서는 갑작스런 질병이나 사고 등은 생각하지 말자. 언제까지 살 수 있는지 알 수 있는 사람은 없다. 그러나 여러 가지 통계들은 우리가 얼마나 오래 살 수 있는지를 대충이나마 짐작할 수 있게 해준다. 2004년 통계청 발표에 따르면 한국 여성의 평균 수명은 80.4세, 남성들은 73.4세인 것으로 밝혀졌다.

평균 수명만큼 살 것이라고 생각한다면 남자의 경우 73세, 여자의 경우 80세로 표기하라. 만약 평균 이상의 수명을 기입하고 싶다면 그렇게 해도 무방하다. 이번에는 생명선 위에 '현재' 의 위치를 찾아 사선을 긋고 거기에 현재의 나이를 기입하라. 그리고 지금까지 살아온 시간과 앞으로 살아갈 시간을 계산해서 생명선 위에 기

1%만 바꿔도 인생이 달라진다

입하라. 만약 사망 나이를 80세로 기입했고 현재 서른 살이라면 앞으로 남은 시간은 50년이 될 것이다.

이제 '현재' 의 위치에서 왼쪽으로 눈을 천천히 움직이면서 지난 일들을 돌이켜보라. 온갖 사건들이 떠오를 것이다. 그것들은 당신의 역사이며, 오늘의 당신을 만든 것들이다. 그러나 지난 과거 중 그 어느 것도 지금의 당신이 바꿀 수 있는 것은 없다. 바꿀 수 있는 것은 오직 '이 순간 그리고 그 이후' 의 일들뿐이다. 이제 확실한 목표를 정할 시간이 되었다.

Think Think Think !

✤ 나는 그동안 어떤 목표를 갖고 어떻게 살아왔는가?

✤ 10년 후에 내가 달성하고자 하는 목표는 무엇인가?

✤ 내가 원하는 사망 직전의 내 모습은 무엇일까?

----

one more

성공적인 목표를 위한 질문들

목표를 설정하고 계획을 수립하려면 스스로에게 다음과 같은 질문을 해야 한다. 목표를 한 가지만 적어보고 다음 질문에 대한 답을 찾아보자.

목표: --

1. What : 진정 원하는 것은 무엇인가?

----

2. Why : 왜 원하는가?

----

3. Where : 현재 내가 있는 곳은 어디인가?

----

4. When : 언제까지 목표를 달성할 것인가?

----

5. How : 목표 달성을 위한 구체적인 방법은 무엇인가?

----

6. Who : 누구의 도움을 받을 수 있는가?

1%만 바꿔도 인생이 달라진다

04

못 오를 나무는 없다

당신이 늘 명중시킨다면
표적이 너무 가까이 있거나,
표적이 너무 큰 것이다.
—톰 하쉬필드

- 더 이상 수학에는 자신이 없다.
- 아침에 조깅을 하기로 했으나 일주일을 넘기기 어렵다.
- 일곱 번이나 프러포즈를 했지만 모두 거절당했다.
- 다이어트를 하려고 했으나 사흘을 넘기기 힘들다.

이럴 때 우리를 유혹하는 생각이 하나 있다. 그것은 바로 '포기'이다. 우리는 무언가를 이루기 위해 날마다 수많은 시도를 한다. 성적을 올리기 위해 반드시 예습·복습을 하겠다고, 건강을 지키기 위해 아침마다 30분씩 조깅을 하겠다고, 날씬한 몸매를 가꾸기 위해 절대로 간식이나 야식을 먹지 않겠다고 다짐하는 사람이 얼마나 많은가? 그러나 목표를 달성할 때까지 스스로의 다짐을 지켜내는 사람은 별로 많지 않다. 그래서 모든 학생들이 공부를 잘하는 것은 아니며, 모든 사람들이 평생 건강하게 사는 것이 아니며, 모든 여자들이 날씬한 것도 아니다.

크고 작은 장애물들에 부딪쳤을 때, 의외로 많은 사람들이 쉽게 굴복한다. 그러나 끝까지 시도해서 마침내 목표를 달성하는 사람들이 반드시 있다. 뭔가를 간절히 원하면서도 아예 시도조차 하지 않는 이유는 무엇일까? 그것은 스스로 자기의 한계를 일찌감치 그어놓고 사는 게 편할 수도 있다고 생각하기 때문이다.

송충이는 솔잎을 먹어야 산다?

"못 오를 나무는 쳐다보지도 말라"는 속담이 있다. 불가능한 일은 일찌감치 단념해야 하며 분수에 넘치는 일은 생각지도 말라는 말이다.

많은 사람들이 스스로 가능성에 대한 금을 긋고 꿈을 갖는 것 자체를 포기한다. 분수에 넘치는 꿈을 갖는다는 것은 결코 현명한 선택이 아니라는 생각이 뿌리 깊이 박혀 있기 때문이다. 우리 속담에 "송충이는 솔잎을 먹어야 산다"는 말이 있다. 사람은 분수에 맞게 살아야 하며 분수에 넘치는 것을 시도하면 낭패를 본다는 말이다. 이 말을 아직도 좌우명으로 삼고 사는 사람이 있다면 왜 송충이가 수십 억 년이 지난 지금까지도 진화를 하지 못하고 솔잎만 먹는 벌레로 남아 있는지 그 이유를 생각해봐야 한다. 많은 사람들이 분수를 알고 살아야 한다고 주장하지만 나는 분수 이하로 사는 것을 좋아하지 않는다. 그보다는 분수를 키우려고 애쓰는 것이 더 현명하다고 생각한다.

"못 오를 나무는 쳐다보지도 말라"는 속담도 일리는 있다. 어떤 면에서 우리 모두는 한계를 가지고 있기 때문이다. 그렇다고 해서 올라가보지도 않고 '오르지 못할 나무' 라고 생각하지는 말아야 한다. 시도해보지 않는 사람은 오를 수 없는 나무라고 말할 자격도 없다. 현대 고故 정주영 회장은 생전에 미리부터 불가능하다고 한계를 긋는 임직원들에게 이렇게 묻곤 했다고 한다. "해보기나 했어?"

오르지 않으면 떨어지는 일도 없다?

세상에는 꿈을 갖는 것 자체를 포기하는 사람도 많지만 그보다 더 많은 사람들이 몇 번의 시도 끝에 중도에 포기한다. 자동차나 보험 세일즈에 발을 들여놓은 사람들 중 90퍼센트 정도가 중도에 탈락한다고 한다. 세일즈, 프러포즈, 아니면 공부를 하다가 중도에 그만두는 사람들은 이솝우화에 나오는 여우처럼 자신을 이렇게 합리화한다. "그건 내 삶에 중요한 것이 아니야.", "원래 내가 원한 것이 아니었어."

뭔가를 시도하다 중도에서 그만두게 되는 진짜 이유는 무엇일까? 내면에 자리잡고 있는 실패에 대한 두려움 때문이다. 우리는 어려서부터 '미리부터 포기하지 말고 시도라도 해보라' 는 말을 귀에 못이 박힐 정도로 들어왔다. 그러나 우리의 내면은 '안 될 일은 일찌감치 포기하는 것이 더 낫다' 는 말을 더 좋아한다. 그 이면에는 목표를 갖게 되면 그것을 위해 뭔가 시도해야 하고, 일단 시도하면 반드시 성공해야 하는데, 그것이 불가능하다고 믿기 때문이다.

꿈을 중도에 포기하는 또 다른 이유는 시도하지 않으면 실패도 없다고 여기기 때문이다. 실패하지 않고 안전하게 사는 유일한 방법은 아무것도 하지 않는 것이다. 집 밖으로 나가면 걸어가다가 넘어질 수도 있고, 차에 치일 수도 있으며, 누군가와 말다툼을 할 수도 있다. 그렇다고 평생 집 안에만 틀어박혀 있는 사람은 없다. 왜냐하면 집 안에 있으면 작은 실패들을 피할 수 있을지 모르지만 삶의 여러 가지 다양한 재미를 맛볼 수 없기 때문이다. 마찬가지로 오르려고 하지 않으면 나무에서 떨어지는 일은 없다. 그러나 결코 나무 아래로 펼쳐진 경이로운 세상은 죽을 때까지 볼 수 없다.

오르지 않으면 떨어지는 일은 없다. 그러나 실패할까 두려워 슛을 날리지 않는다면 100퍼센트 노골이라는 사실을 잊지 말자.

당신은 몇 번이나 실패했는가

언젠가 한 졸업생이 내 연구실에 찾아왔다. 보험 세일즈를 하며 스물다섯 번의 시도를 했는데 한 건의 계약도 성사시키지 못했다면서 그 일을 그만두어야 할 것 같다고 말했다. 그래서 나는 그에게 물었다. "몇 번쯤에야 계약이 성사될 것 같니?" 처음에는 잘 모르겠다고 했다. 그냥 추측을 해보라고 했더니 한참을 머뭇거리다가 "쉰 번은 해야 되지 않을까요."라고 말했다. 그래서 난 "앞으로 스물다섯 번만 더 실패한다면 성사가 될 것이다. 이미 스물다섯 번은 끝냈으니까."라고 대답해주었다. 끔찍하다는 표정을 짓는 그에게 나는 이런 얘기를 해주었다.

패스트푸드 체인점 KFC의 창업주 커넬 샌더스는 예순여섯의 나이에 사업을 시작해서 일흔 살이 훨씬 넘어서야 부자가 되었다. 그는 닭튀김 요리 사업에 야심을 갖고 전국을 돌며 요리법을 팔기 위해 노력했다. 가까운 사람들을 포함해 많은 사람들이 그의 아이디어에 고개를 저었고, 절대로 성공할 수 없을 테니 일찌감치 포기하라고 조언했다. 실제로 그는 천아홉 번을 퇴짜 맞고서야 겨우 'OK'를 받았다. 나는 그 졸업생에게 샌더스의 얘기를 해주면서 'No'라는 대답을 들을 때마다 'Yes'에 한 발자국씩 가까워지고 있다고 생각하는 게 어떻겠냐고 말해주었다.

더 이상 시도할 필요가 없을 정도로 충분히 실패했다고 생각하는

가? 지금까지 퇴짜 맞은 횟수가 과연 샌더스처럼 천 번이 넘었는가?

실패를 두려워하지 마라

어떤 사람들은 다른 사람들보다 자전거 타는 법을 더 빨리 배울 수 있는데, 그 이유는 간단하다. 그런 사람들은 넘어지는 것을 두려워하지 않기 때문이다. 반면 다른 사람들은 넘어지는 것을 두려워한다. 그래서 자전거를 타지 못한다.

많은 사람들이 '실패는 성공의 반대이며 나쁜 것' 이라고 생각

1%만 바꿔도 인생이 달라진다

한다. 그러나 실패는 성공의 반대도 아니며 나쁜 것도 아니다. 사실 실패와 성공은 모두 같은 과정에서 나온다. 홈런을 치는 것과 스트라이크 아웃을 당하는 것은 모두 같은 행동, 즉 타석에 들어가 공을 치는 행동에서 나온 결과이다. 실패를 나쁜 것이라고 생각하면 실패할 수 있는 상황 자체를 기피하게 된다. 그래서 새로운 것을 생각하는 것조차도 시도하지 않게 된다. 새로운 발견과 성취의 역사를 돌이켜보면 잘못된 가정과 아이디어, 실패한 시도를 초석으로 이루어진 이야기로 가득 차 있다.

나폴레온 힐이 전구를 발명한 에디슨을 만나 인터뷰했을 때의 일이다. "에디슨 선생님, 전구를 발명하려고 수천 번이나 시도했다가 실패했는데 그 점을 어떻게 생각하십니까?" 에디슨은 이렇게 대답했다. "천만에요! 전 한번도 실패한 적이 없습니다. 오히려 전구를 만들지 못하는 수천 가지 방법을 잇달아 발견한 것이지요. 좋은 결과를 얻기 위해 충분한 실험을 거쳐야 했습니다." 실패를 통해 배운다는 태도가 에디슨을 세계 최고의 발명가로 만들었다.

우리는 실패할 때 자신과 그 일에 대해 가장 많이 배운다. 문제는 실패가 아니라 실패를 다루는 방식이다. 승자와 패자의 차이는 '실패를 다루는 방식'에서 나오며, 승자는 실패를 통해 '성공에 다가서는 법'을 배우고, 패자는 실패를 통해 '성공에서 멀어지는 법'을 배운다.

에디슨이 전구를 만드는 것 자체가 불가능하다고 생각했다면 어떻게 되었을까? 만약 백한 번쯤 시도한 다음 포기했다면? 참으로 다행스럽게도 그는 수천 번이 넘게 시도했다. 그리고 수많은 실패들을 통해 오히려 새로운 해결책을 찾아냈고 마침내 성공했다.

모든 가능성을 다 시도해보았다고 생각할 때조차도 반드시 명심해야 할 말이 있다. "그래도 여전히 가능성은 남아 있다."

Think Think **Think !**

✤ 내가 원했던 일 중 미리부터 포기한 일은 무엇인가?

✤ 나는 왜 그 일을 포기했을까?

✤ 비슷한 상황에서 꿈을 이룬 사람은 누구이며, 왜일까?

1%만 바꿔도 인생이 달라진다

포기하고 싶을 때 떠올려야 할 사람들

- **마이클 조던** : 초등학교 때부터 농구를 시작해 열두 살에 MVP로 선정되었으나 고등학교 때는 학교 대표팀에서 탈락했다. 그 일을 계기로 자신의 실력을 증명하기 위해 끊임없이 노력했고, 결국 세계 최고의 농구선수가 되었다.

- **루이스 라모르** : 100편이 넘는 서부소설을 쓴 베스트셀러 작가인 그는 첫 원고의 출판을 무려 350번이나 거절당했다. 훗날 그는 역사에 기초한 작품으로 국가에 기여한 공로가 인정돼 미국 작가로서는 최초로 의회가 주는 특별 훈장을 받았다.

- **잭 캔필드와 마크 한센** : 《영혼을 위한 닭고기 수프》의 원고는 출판되기까지 서른세 곳의 출판사에서 출간을 거절당했다. 아무도 읽지 않을 것이라며 매몰차게 거절당한 이 책은 전 세계 언어로 번역되어 1천만 부 이상이 판매되었다.

- **스티브 잡스** : 애플컴퓨터를 설립하기 전, 아타리와 휴렛팩커드에게 전문대학도 못 나왔다는 이유로 입사를 거부당했다. 결국 잡스는 그 아이디어를 혼자서 실용화하는 데 성공했으며, 애플사는 창립 첫해에 250만 달러가 넘는 매출을 달성했다.

- **실베스터 스탤론** : 공부를 못해 여러 학교를 전전했으며, 배우가 되기로 했지만 실패의 연속이었다. 그래서 배우보다 글쓰기에 흥미를 갖고 영화 〈록키〉의 대본을 써서 자신에게 주연을 맡기는 조건으로 영화 제작을 의뢰했으나 수없이 거절당했다. 마침내 제작된 그 영화는 1억 달러 이상의 수입을 올렸으며 그는 최고의 스타로 자리잡았다.

05

원대한 야망에도
구체적인 목표가 필요하다

나는 언제나 훌륭한 인물이 되고 싶
었다. 그거나 더 구체적이어야했다.
—릴리 톰린

"젊은이들이여, 야망을 가져라Boys, Be Ambitious!" 미국 매
사추세츠주립대학교 농대 학장으로 일본의 근대화 정책을 돕기 위
해 파견되었던 윌리엄 클라크 박사가 절망에 빠진 일본의 젊은이들
에게 해준 참으로 멋진 말이다. 하지만 나는 구체적인 목표와 실천이
따르지 않은 원대한 야망을 품었다는 이유만으로 성공한 사람을 주
변에서 한 명도 본 적이 없다. 꿈이 크면 성공 가능성도 클 것이라고
생각하겠지만 막연한 야망은 오히려 좌절감의 근원이 될 수도 있다.

많은 사람들은 '목표'라고 하면 거창하고 원대한 것이라야 한
다고 생각한다. 그래서 목표를 설정하지도 못하고 달성하지도 못

하는 경우들이 많다. 우리에게 필요한 것은 크고 원대한 야망이 아니다. 대신 아주 사소한 일이라도 달성 가능성이 높은 목표를 갖는 것이 중요하다. 그러기 위해서는 목표에 대한 정확하고 구체적인 인식이 필요하다.

심리학자들은 달성 가능성이 높은 목표를 세우기 위해서는 'SMART 규칙'을 사용하라고 조언한다. 이 규칙은 구체적이고Specific, 측정 가능하며Measurable, 행위 중심적이며Action-oriented, 현실적이고Realistic, 적절한 시간 배정을 해야 한다Timely는 의미를 가지고 있다.

S : 구체적이고 명확해야Specific 한다

모호하고 불분명한 목표는 피하자. 예를 들어, '언젠가는 부자가 될 거야'라거나 '이 분야에서 최고가 될 거야'라는 식의 막연한 목표는 달성 가능성이 희박하다. 도대체 부자는 무엇이고 최고란 무엇인가? 그것을 어떻게 이루려고 하는가? 또 '언젠가'라는 말은 도대체 언제를 말하는가?

목표는 구체적이고 분명할수록 달성 가능성이 높아진다. 목표가 구체적일수록 목적지에 대해 보다 생생한 그림을 그릴 수 있기 때문에 도달하기가 훨씬 더 쉬워진다. 예를 들어, '나는 서른다섯 살이 되는 해의 마지막 날까지 2천만 원을 저축하겠다' 거나 '3년 후에는 과장으로 승진한다' 는 식으로 구체적이고 명확한 목표를 설정해야 달성이 쉬워진다. 구체적인 목표 영역을 설정하고 언제, 어디서, 무엇을, 어떻게, 얼마나 할 것인지를 분명하게 정해보자. '운동이나 해볼까?' 가 아니라 '오늘 오후 3시까지 동네 뒷산 정상까지 올라간다' 처럼 목표는 구체적이어야 한다.

그림을 그릴 때도 구체적인 대상을 앞에 놓고 그려야 더 쉽게 그릴 수 있다. 마찬가지로 목표가 구체적이면 심리적인 부담이 줄어들어 곧바로 시작할 수 있다. 또한 진행과정을 생생하게 확인할 수 있기 때문에 목표 달성이 그만큼 쉬워진다.

M : 오감을 통해 측정 가능해야Measurable 한다

체중을 줄이기로 마음먹은 사람이 '목표' 를 단지 '날씬해지는 것' 으로 잡는다면 체중 감량에 실패할 가능성이 높다. 왜냐하면 자신의 행동 결과를 측정하고 판단할 수 있는 기준이 모호하기 때문이다. 우리가 세운 목표를 달성했다는 사실은 어떻게 확인할 수 있는가? 그것은 오감을 통한 증거가 있어야 가능하다. 목표 달성을 위해 지속적으로 노력하려면 반드시 변화 정도가 오감을 통해 선명하게 관찰될 수 있어야 한다.

'날씬해지기'라는 측정 불가능한 목표를 '1개월에 1킬로그램씩, 5개월 동안 5킬로그램을 줄인다'는 측정 가능한 목표로 바꾸면 그만큼 달성 가능성이 높아진다. 마찬가지로 '영어 실력을 높인다'보다는 '하루에 단어 열 개, 한 달 동안 3백 개 외우기'가 달성할 가능성이 훨씬 높다. 왜냐하면 수치로 확인할 수 있는 목표를 갖고 수치로 피드백을 받으면 그만큼 목표 달성 과정을 정확하게 파악할 수 있기 때문이다.

만약 몸무게를 50킬로그램으로 줄이고 싶다면 저울 위에 세로에는 체중, 가로에는 한 달간의 날짜가 기입된 그래프 용지를 붙여놓고, 목표 체중에 빨간색 줄을 굵게 그어놓자. 그리고 매일 몸무게를 체크하고 해당 눈금을 파란색으로 표시해서 변화과정을 그래프로 그려보자. 그러면 체중의 변화를 정확하게 파악할 수 있어 그날 그날의 식사량과 운동량을 조절하기가 훨씬 쉬워질 것이다.

A : 행동 중심적이어야Action-oriented 한다

목표는 사고 중심적인 것이 아니라 행동 중심적이어야 한다. '친절한 사람'이 되는 목표를 갖는다면 달성하기가 어렵다. 왜냐하면 거기에는 행위가 명시되지 않았기 때문이다. 따라서 그것은 '지금껏 인사하지 않았던 이웃들에게 날마다 한 번 이상 미소 띤

얼굴로 인사한다'는 행동 중심적인 목표로 바꾸어야 한다. 만약 돈을 모으고 싶다면 '돈을 낭비하지 않는다'는 사고 중심적인 목표를 세워서는 안 된다. 이보다는 '매주 월요일에는 은행에 가서 천 원 이상씩 저축한다'는 행위 중심적인 목표를 세워야 한다.

책을 쓰고 싶다면 머릿속으로 구상만 해서는 안 된다. 한 권의 책을 쓰겠다는 장기적인 목표를 달성하려면 오늘 당장 그것을 위해 할 일이 무엇인지 찾아야 한다. 그것은 제목을 정하는 일일 수도 있고, 자료를 찾는 일일 수도 있고, 아이디어를 메모하는 일일 수도 있다. 머릿속의 생각만으로는 아무것도 달성할 수 없으며 목표가 무엇이든 반드시 행위를 통해서만 달성이 가능하다. 그러므로 성공하고 싶다면 사고 중심적인 목표가 아니라 행동 중심적인 목표를 설정해야 한다.

R : 실현 가능해야Realistic 한다

우리가 세운 목표를 달성하려면 구체적이면서도 실현 가능한 작은 일부터 시작해야 한다. 나는 박사과정을 밟을 때 학위논문제출 자격시험의 제2외국어 과목에서 두 번이나 불합격했다. 독일어를 선택했던 나는 다급해진 나머지 고등학교 1학년 자습서 중 가장 쉬운 것을 한 권 구입했다. 그리고 하루에 할 수 있는 최소한의 분량을 일일 목표로 정해 일주일 동안 그 목표를 달성했다. 그리고 점차 분량을 늘려가면서 그 책을 독파했다. 그런 다음 한 권의 독일어 독해전문 참고서를 공부한 후, 세 번째 시험에 합격해 학위논문제출 자격을 획득했다.

알코올 중독자 자조모임인 금주동맹의 기본 강령 중 하나는 '오늘 하루만Just For Today' 금주하기이다. 영원히 금주해야 한다는 각오는 부담이 너무 커서 오히려 금주 계획을 포기하게 만들 수 있다. 그러나 '단 하루만'이라는 실현 가능한 목표를 설정하면 술과 거리를 두기가 더 쉽기 때문이다. 나는 상담을 할 때, 내담자들에게 처음부터 부담스러운 계획을 세우게 하지 않는다. 대신 이렇게 묻곤 한다. "오늘 당신을 위해 꼭 해야 할 일이 하나 있다면 그것은 무엇입니까?" 이런 식의 간단한 요구를 통해 그들이 변명하지 못하게 가르칠 수 있기 때문이다. 그뿐 아니라 작은 목표들을 완수하는 훈련을 하다보면 더 큰 목표도 달성할 수 있다는 자신감을 갖게 되기 때문이다.

1년 안에 백만장자가 되겠다거나 6개월 내에 전문의 과정을 마치겠다는 것은 모두 실현 불가능한 목표들이다. 150킬로그램의 역기를 든다는 목표를 세우고 당장 그것을 든다면 허리가 부러질지도 모른다. 모든 계단은 한 계단씩 올라가야 한다. 큰 목표를 달성하려면 반드시 실현 가능한 수준으로 단계를 나누고 점진적으로 공략해야 한다.

T : 시간 배정을 적절히Timely 하고 즉시 실천해야 한다

성과를 올리지 못하는 사람들의 특징 중 하나는 목표 달성에 소요되는 시간을 적절하게 배분하지 못한다는 것과 즉각 실천하지 않는다는 점이다. 성공적으로 목표를 달성하려면 다음과 같은 몇 가지 점을 고려해 시간을 적절하게 배분해야 하며, 즉각적인 실천이 뒤따라야 한다.

첫째, 데드라인을 설정하되 소요 시간을 너무 짧게 잡지 말라. 멋진 목표와 훌륭한 계획을 갖고도 성과를 올리지 못하는 이유 중 하나는 그것에 필요한 시간을 과소평가하기 때문이다. 예상치 못한 문제는 언제든지 일어날 수 있기 때문에 돌발상황을 고려해 약간 여유 있게 시간을 배정해야 한다.

둘째, 그렇다고 데드라인을 너무 길게 잡으면 안 된다. 데드라인을 너무 촉박하게 잡는 것도 문제지만, 지나치게 길게 잡는 것도 목표 달성을 어렵게 만든다. 왜냐하면 사람들은 마감시간에 맞춰 자신의 행위를 조절하며 대개는 시간이 많을 때 더 나태해지기 쉽기 때문이다. 주어진 시간이 많으면 많을수록 쓸데없는 일들로 그 시간을 채우는 것이 인간의 본성이며, 이를 '파킨슨의 법칙 Parkinson's Law'이라 한다.

셋째, 일단 목표가 설정되면 '여유가 생기면' 또는 '언젠가'라는 말로 시작을 미뤄서는 안 된다. 적어도 계획의 시작 부분은 반드시 즉시 실행할 수 있는 것이어야 한다. 30세까지 1억 원을 모으는 것이 목표라면 오늘 당장 단돈 천 원이라도 저축할 수 있어야 한다. 소설을 쓰는 것이 목표라면 '나중에 시간이 나면' 이라고 말하지 말고 지금 당장 그것을 위해 뭔가 시작해야 한다.

Think Think **Think !**

❖ 목표 달성을 하지 못했던 최근의 경험과 그 이유는 무엇인가?

❖ SMART 규칙을 사용해서 한 가지 목표를 세워본다면?

❖ 파킨슨의 법칙을 통해 무엇을 배울 수 있는가?

---

one more

목표 설정과 관련된 여덟 가지 미신

● **미신 1 : 목표 설정은 시간을 소모하는 일이다_** 목표 설정에 투자하는 약간의 시간은 성과 달성 기간을 훨씬 더 단축시켜준다.

● **미신 2 : 연초가 목표 설정에 가장 좋다_** 삶에는 리허설이 없다. 그러니 '지금'보다 좋은 때는 없다. 목표 설정은 타이밍이 아니라 결단이다.

● **미신 3 : 목표는 머릿속에 간직하면 된다_** 안 보면 멀어지고, 아무리 좋은 기억도 잉크만은 못하다. 목표를 글로 써야 그 생각에서 벗어나지 못하고, 행동으로 옮기게 된다.

● **미신 4 : 너무 먼 미래에 대한 목표 설정은 시간 낭비다_** 내일은 곧 오늘이 되고, 미래는 조만간 당신의 현재가 된다. 장기적인 목표와 계획은 결코 시간 낭비가 아니다.

● **미신 5 : 성공하려면 계획이 완벽해야 한다_** 아무리 훌륭한 계획도 실천을 대신할 수 없다. 계획이 불완전해도 일단 실행하고 나중에 보완하라.

● **미신 6 : 열심히 일하는 것이 최선이다_** 열심히 하기보다는 새로운 해결책을 찾아 효율적으로 일하려고 노력하라. 그러면 더 적은 노력과 시간을 들이고도 더 빨리, 많은 성과를 거두게 될 것이다.

● **미신 7 : 남의 도움을 받지 않고 혼자서도 가능하다_** 혼자서 성공할 수 있는 사람은 없다. 더 많은 것을 성취하려면 다른 사람들의 협조를 더 많이 얻는 방법을 연구해야 한다.

● **미신 8 : 목표란 거창한 일에만 필요하다_** 설거지, 쇼핑, 여가활동 등 일상적인 일에도 반드시 목표가 필요하다. '오늘의 목표가 뭐지?' 라고 묻는 습관을 가지면 내일이 달라질 것이다.

06

목표에서 눈을 떼지 않는다

계획을 위해쏟은 한시간은
실행에 옮겼을 때 서너 시간을 절약
시켜준다.
　　　　　　　　　—크로포드 그린왈트

　　새해를 맞으면 누구나 한두 가지의 결심을 하게 된다.
'금연을 하겠다', '금주를 하겠다', '낭비를 줄이고 저축을 하겠
다', '체중을 줄이겠다', '영어회화를 마스터하겠다', '아침 일찍
일어나 운동을 하겠다' 등등. 그런데 안타깝게도 이런 결심과 목
표들은 대개 작심삼일, 용두사미 식으로 무산된다.

　　그러면서 우리는 '세워봤자 헛일'이라며 계획을 포기하거나
'그러면 그렇지' 하면서 자포자기한다. 그러나 계획대로 실천하지
못했다고 해서 심하게 자책하지는 말자. 우리가 아무리 멋진 목표
를 갖고 훌륭한 계획을 세우더라도 돌발상황은 언제나 발생하기 마

런이다. 그것은 외적인 것일 수도 있고 내적인 것일 수도 있다. 작심삼일로 끝나면 삼일간의 계획을 다시 세우면 되고, 작심삼일에서 벗어나고 싶다면 계획이 무산되는 이유와 대안을 찾으면 된다.

변명거리를 찾아보고 대안을 모색하자

목표를 중도에 포기하는 경우가 많다. 물론 이유도 많다. 일찍 일어나 운동하기로 해놓고 지키지 못하면 이렇게 변명한다. '너무 피곤해서', '자명종 소리를 못 들어서', '비가 와서' 등등.

계획했던 일을 마무리짓지 못하는 습관을 갖고 있다면 그에 대한 강력한 대비책을 만들어야 한다. 일단 구체적인 목표를 설정하면 세부적인 계획을 수립하라. 그리고 그 일을 진행할 때 생길 수 있는 돌발상황들을 예상하고 변명거리들을 모두 찾아보라. 그런 다음에는 각각의 변명거리에 대한 대비책을 강구하라.

예컨대, 날마다 운동을 한다는 목표를 세우고 조깅을 계획했다면(계획 A), 그것과 관련된 변명거리들을 찾아보자. 우리가 할 수 있는 변명거리 중 하나는 '비가 왔기 때문'일 수 있다. 그렇다면 변명거리에 대한 대비책(계획 B)을 강구해야 한다. 계획 B에는 어떤 것이 포함될 수 있을까? '헬스클럽에 가서 뛴다'일 수도 있고, '집에서 팔굽혀펴기를 한다'일 수도 있다.

도서관에 자리가 없다고 공부를 포기하거나(아니면 핑계삼아), PC방에 가서 시간을 낭비하는 학생이 있다면, 여러분은 그에게 어떤 충고를 하겠는가? 계획 B를 찾아보라고 하면 된다. 그러면 그는 '빈 강의실에 가서 한다'거나 '잔디밭에서 공부한다'는 답을 찾아낼 것이다. 잠시 책읽기를 멈추고 작은 계획 하나를 세워보자. 그리고 예상되는 변명 리스트와 거기에 대한 대안적 계획 B를 만들어보자.

계획 A : _____

예상되는 변명 리스트	돌발상황에 대한 대비책(계획 B)
1.	1.
2.	2.
3.	3.

　　아무리 성능이 좋은 차라도 가끔은 펑크가 난다. 그래서 모든 차에는 반드시 스페어타이어를 장착하도록 법으로 규정해놓았다. 계획 B는 자동차의 스페어타이어와 같다.

　　변명거리에 대한 대비책은 우리로 하여금 자신의 삶에 책임을 지도록 하며 목표를 보다 적극적으로 완수하려는 동기를 갖게 한다. 그것을 마련해놓지 않으면 우리는 자신의 삶을 너무 많이 우연에 맡기게 된다.

승자가 되려면 승자처럼 행동하라

열일곱 살의 어린 나이에 자신이 진짜 프로 감독인 양 정장 차림에 서류가방을 들고 유니버설 스튜디오를 들락거렸던 스필버그는 이제 영화계에서는 타의 추종을 불허하는 인물이 되었다. 찰리 채플린은 자신을 믿고 성공한 사람처럼 생각하고 행동해야 성공할 수 있다면서 이렇게 말했다. "나 자신을 믿어야 한다. 나는 고아원에 있을 때도, 음식을 구걸하러 거리에 나섰을 때도 '나는 이 세상에서 가장 위대한 배우다' 라고 나 자신에게 말했다." 아주 오래전 아리스토텔레스 역시 이렇게 설파했다. "용감해지려면 용감한 것처럼 행동하면 된다."

성공한 사람처럼 생각하고, 목표를 달성한 것처럼 행동하면 우리에게 놀랄 만한 일이 일어난다. 우리의 온갖 에너지가 그쪽으로 쏠리기 때문이다. 승자가 되려면 목표를 성취한 자신의 모습을 상상하는 데 매일 얼마 정도의 시간을 할애해야 한다. 벤처회사를 설립하는 것이 목표라면 일단 모델이 될 만한 회사에 들러보라. 그리고 그 회사의 CEO가 되어 있는 자신의 모습을 그려보라. 원하는 바를 생생하게 상상할 수 있다면 여러분은 이미 마음속에 그것을 성취한 것이다.

공부와는 거리가 멀었던 나의 아들아이가 정말 다행스럽게도 자기가 원하는 대학에 들어가게 되었다. 합격 소식을 전하는 자리에서 아이가 내게 말했다. "아빠 모르시겠지만, 공부하다 지겨워지면 한밤중에라도 그 학교의 캠퍼스에 갔었어요. 그리고 그 대학의 학생처럼 걸었어요." 그뿐 아니라 아들은 휴대전화기의 액정화면에도 'OO대생 OOO'라고 써놓고, 이메일의 아이디도 'OO대생'으로 바꿨다. 그리고 컴퓨터의 바탕화면에 가고 싶은 학교 캠퍼스 사진을 깔아놓고, 그 학교 기숙사 앞에서 찍은 사진을 책상 앞에 붙여놓고 수시로 합격자 명단이 자기가 다니는 고등학교 교문 앞에 걸리는 것을 상상했다고 한다.

지금까지와는 다른 모습으로 살기를 원하는 사람들을 상담할 때 사용하는 '마치 ~인 것처럼As If' 기법이 있다. 예컨대, 대인 공포증에서 벗어나려면 어떻게 하면 될까? 이미 완치된 것처럼 행동하면 된다. 그러면 생각과 감정은 뒤따라 바뀐다. 목표를 달성한 모습을 미리 그려보면 행동의 변화가 훨씬 더 쉽게 나타난다.

목표가 있다면 그것을 달성한 자신의 모습을 상상하라. 어떤 느낌이 들고, 어떤 소리가 들리며, 무엇이 보이는지, 그리고 어떤 냄새가 나는지 오감을 모두 동원해서 가능한 한 생생하게 상상하라. 그리고 마치 그런 것처럼 행동하면 우리의 뇌 안에 있는 자동조절장치들이 우리를 그 방향으로 움직이게 만들 것이다.

오른손이 하는 일을 왼손이 알게 하라

"오른손이 하는 일을 왼손이 모르게 하라"는 성경 말씀은 누군가에게 도움을 줄 때는 다른 사람뿐 아니라 자기 자신까지도 모르게 하라는 뜻이다. 그러나 잘못된 습관을 고치기로 결심했거나 새로운 목표를 달성하고자 한다면 그 계획을 가능한 한 많은 사람들에게 공개해야 한다.

금연학교의 행동강령 중 하나는 '금연을 시작하는 그 순간부터 가까운 사람들에게 가능한 한 널리 알린다' 이다. 비만을 치료하려는 사람들의 경우도 마찬가지다. 담배나 음식에 대한 욕구가 워낙 강하기 때문에 그 유혹에서 벗어나기란 결코 쉬운 일이 아니다. 그래서 전문가들은 목표를 설정하면 그것을 주위의 친구, 가족 등 가능한 한 많은 사람들에게 공개하라고 조언한다. 특히 체면을 지켜야 하는 자녀, 후배, 상사 또는 사랑하는 사람들에게 공개하면 더 효과적이다. 사람들은 말과 행동을 일치시키려는 경향이 있으며, 공개 범위가 넓고 체면을 유지해야 하는 상황에서 공개하면 그것을 고수하려는 경향이 강해지기 때문이다. 자신의 결심을 주변 사람에게 알리는 방법은 말로 할 수도 있지만 방 안이나 화장실, 냉장고, 사무실 입구 등에 글로 써 붙일 수도 있다. 또한 이메일을 통해 자신의 결심을 주변 사람들에게 알릴 수도 있다.

여러분 중 혹시 체중 때문에 과식하는 것을 멈추고 싶지만 그것이 죽기보다 어렵다고 생각하는 사람이 있다면 한 가지 제안을 하겠다. 이 방법은 결코 쉬운 일이 아닐 수도 있지만 죽는 것보다는 쉽다. 구내식당과 같이 가능한 한 많은 사람이 모이는 식당으로 가라. 그리고 식사를 하다가 과식한다 싶으면 즉시 자리를 박차고 일어나 식당 중앙으로 가라. 그리고 주위를 둘러보면서 "여러분!" 하고 힘껏 소리를 쳐라. 놀란 눈으로 쳐다보는 사람들을 향해 다시 한번 이렇게 소리쳐라. "저는 이제부터 절대 과식하지 않겠습니다! 한 달 안에 반드시 체중 5킬로그램을 줄이겠습니다!" 사람들이 많은 곳에서 이렇게 몇 번만 해본다면 절대로 과식하지 않게 될 것이다.

결심을 쉽게 번복하고 싶다면 은밀하게 실행하라. 그러나 성공적으로 실행에 옮기고 싶다면 다른 사람에게 선언하라. 특히 잘 보이고 싶은 사람이나 체면을 지켜야 되는 사람 앞에서 공개적으로 선언하라. 좋아하는 사람들이나 체면을 지켜야 되는 사람들 앞에서는 누구나 자기 말에 책임을 더 지려 하기 때문이다. 그러니 뭔가 해낸 다음 상대를 깜짝 놀라게 해주려 하지 말고 결심을 했으면 시작부터 공개하자.

목표에서 눈을 떼지 말라

성과를 얻기 위해 해야 할 가장 중요한 일 중 하나는 목표 설정이 끝나자마자 바로 그것을 시작할 계기를 만드는 것이다. 어떤 형태로든 그것을 성취하기 위한 행동을 취하지 않고는 하루를 보내지 않겠다고 다짐해야 한다. 그것은 매일 시간을 정해놓고 목표에 대해 생각하는 것일 수도 있고, 적어도 한 가지씩 매일 실행하는 것일 수도 있다.

모든 구기종목 스포츠에는 한 가지 원칙이 있다. '공에서 눈을 떼지 말라'는 것이다. 상담을 하거나 학생들을 가르치다보면 긍정적인 변화가 빨리 오는 내담자나 학생들에게는 한 가지 공통점이 있다는 사실을 발견하게 된다. 그것은 '목표에서 눈을 떼지 않는다'는 것이다.

여러분이 원하는 것이 있다면 그것에서 눈을 떼지 말아야 한다. 매일 목표와 관련된 책을 구입해서 읽고, 정보를 수집하고, 그 분야에서 성공한 사람들에 대해 생각하라. 산책을 하면서, 출퇴근 시간에, 화장실이나 목욕탕에서도 목표와 관련된 생각을 하라. 그리고 머릿속으로 연습하라.

이미지트레이닝 또는 '머릿속 연습'은 여러 분야에서 성공 가능성을 한층 더 끌어올릴 수 있음이 증명되었다. 한 연구에서 이미지트레이닝으로 피아노 연주를 하게 한 후 뇌의 활동 패턴을 측정했다. 연구는 세 그룹으로 나누어 진행되었는데, 한 그룹은 매일 두 시간씩 피아노 연습을 했고, 다른 그룹은 두 시간 동안 피아노 앞에 앉아서 아무것도 배우지 않은 채 그저 건반만 누르게 했다. 세 번째 그룹은 실제로 피아노를 치지는 않고 '머릿속으로 치는 연습'을 하게 했다.

이 연구의 책임연구원인 알바로 파스칼 레온 박사는 연구 결과를 이렇게 보고하고 있다. 첫 번째 그룹은 손 근육을 관장하는 뇌 부위에서 뚜렷한 변화를 보였으며 수행능력도 향상되었다. 그러나 생각 없이 건반만 두드렸던 두 번째 그룹의 뇌에서는 거의 아무런 변화가 없었다. 놀라운 것은 세 번째 그룹의 변화였다. 5일 후 세 번째 그룹의 뇌 활동 패턴은 실제로 피아노를 치며 연습했던 사람들과 동일했다.

운동선수들을 대상으로 한 연구에서도 비슷한 결과가 확인되었다. 한 고등학교에서 농구 실력이 비슷한 학생들을 세 집단으로 나누었다. 첫 번째 집단은 한 달 동안 매일 한 시간씩 자유투를 연습하게 했다. 두 번째 집단은 연습을 전혀 시키지 않았다. 세 번째 집단은 하루에 한 시간씩 마음속으로 자유투를 연습하게 했다. 한 달 뒤 자유투 성공률을 비교한 결과, 머릿속에서만 연습한 집단은 실제로 연습한 집단과 같이 성공률이 향상되었다. 그러나 전혀 연습을 안 한 집단은 성공률이 떨어졌다.

어떻게 그런 일이 일어날 수 있었을까? 이미지트레이닝으로 뇌신경계가 흥분되고, 신경계의 흥분이 몸의 근육을 실제로 연습할 때처럼 자극했기 때문이다. 그러니 목표가 설정되면 시간과 장소에 구애받지 말고 목표와 관련된 생각을 하고 머릿속으로 연습을 해야 한다. 자, 이제 오감을 총동원해서 머릿속으로 생생하게 그려 보며 연습할 것이 무엇인지를 찾아야 할 때가 되었다. 여러분에게 그것은 무엇인가?

Think Think **Think** *!*

✥ 내 계획 중 작심삼일로 끝났던 것은 무엇인가?

✥ 그에 대한 변명들은 무엇이며, 대비책을 찾아보면 어떤 것들이 있을까?

✥ 목표에서 눈을 떼지 않기 위해 앞으로 쓸 수 있는 나만의 전략은?

1%만 바꿔도 인생이 달라진다

글로 쓴 목표의 위력

1953년 예일대학교의 한 연구팀이 그 해 졸업반 학생들을 대상으로 분명한 삶의 목표를 글로 써서 가지고 있는 학생이 얼마나 되는지 조사했다. 그들 중 단 3퍼센트의 학생들만 글로 쓴 목표를 갖고 있었다.

20년이 지난 1973년, 이들을 대상으로 한 추적조사가 실시되었다. 글로 쓴 목표를 가지고 있었던 3퍼센트의 사람들이 소유한 부는 나머지 97퍼센트의 사람들 모두의 재산을 합친 것보다 더 많다는 사실이 확인되었다.

하버드대학교의 연구 결과도 이와 유사했다. 80퍼센트의 학생들은 특별한 목표가 없었고, 15퍼센트는 단지 생각만으로 목표를 가지고 있었으며, 나머지 5퍼센트는 글로 적은 뚜렷한 목표(데드라인을 정한)를 가지고 있었다. 그 5퍼센트에 속하는 학생 각자가 이룬 성과를 보았더니 그들 스스로 정한 목표를 능가했을 뿐 아니라 그들이 이룬 것을 전체적으로 보았을 때 나머지 95퍼센트를 합친 것보다 더 큰 성과를 이룬 것으로 나타났다.

내 안의 가능성을 찾아서

- 재능발굴과 재능계발

Talent
Seeking & Developing

Self remodeling

패자는 남의 현명함을 비웃지만
승자는 자신의 어리석음에도 미소를 짓는다.

패자는 놀이도 일처럼 하지만
승자는 일도 놀이처럼 한다.

패자는 받는 것만큼만 일해서 조금만 얻지만
승자는 받는 것 이상으로 일해 더 많은 것을 얻는다.

패자는 조언도 비난으로 듣고 화를 내지만
승자는 비난도 조언으로 듣고 뭔가를 배우며 감사한다.

패자는 힘들게 일하면서도 적게 얻지만
승자는 힘들지 않게 일하면서도 더 많이 얻는다.

패자는 열 가지를 알아도 하나도 활용하지 못하지만
승자는 하나를 알아도 열 가지에 활용한다.

07

자신에게 절대 한심하다고
말하지 않는다

인간의 가장 놀라운 특성 중 하나는
마이너스를 플러스로 바꾸는 힘이다.
—앨프레드 아들러

　　몇 년 전 중학교 과정을 마치고 바로 한국과학기술원 학
사과정에 열다섯 살이라는 최연소의 나이로 합격한 학생이 있어
세간의 큰 관심과 기대를 모았었다. 그러나 안타깝게도 화제의 주
인공은 학교생활에 적응하지 못했고 이것을 비관해 친구의 호출
기 음성사서함에 "세상에는 나 같은 사람도 있다. 잘 지내라."라
는 마지막 인사를 남긴 후 아파트 옥상에서 투신자살하고 말았다.
그는 평소에 주변사람들에게 '머리가 모자란 것 같다. 미팅에 나
가도 나이가 어려 여학생들이 싫어한다'는 둥이 고민을 주변사람
들에게 호소했던 것으로 알려졌다.

그는 그렇게 입학하기가 어렵다는 과학기술원에, 그것도 최연소로 합격해 많은 젊은이들과 학부모의 부러움을 샀었다. 이 사건은 뛰어난 재능을 가진 영재가 스스로에 대해 만족하지 못했기 때문에 생긴 가슴 아픈 일이었다. 나는 자신이 가진 재능과 잠재력을 찾지 못하고 스스로를 비하하거나 지나치게 힐난하는 사람들을 주변에서 자주 본다. 그들은 습관적으로 이런 생각이나 말들을 하는 경향이 있다.

"왜 이리 못났을까? 내가 생각해도 나는 정말 한심해."
"내가 하는 게 항상 그렇지 뭐, 제대로 할 수 있는 게 없어."
"매력이라고는 눈곱만큼도 없어. 난 쓸모없는 인간이야."

자기를 먼저 사랑하라

세상에는 밝은 측면뿐 아니라 어두운 면도 있다. 사람들도 마찬가지이다. 우리 모두는 때때로 세상과 자신의 부정적인 면을 본다. 그러나 그것은 극히 정상적이며 필요한 일이기도 하다. 왜냐하면 세상이나 자신의 어두운 면을 볼 수 있어야 세상이든 자신이든 더 밝은 쪽으로 변화시킬 수 있기 때문이다.

그러나 어두운 면만을 바라보는 것은 자신을 더욱 불행하게 만들 뿐 아니라 세상을 밝게 변화시키는 데도 전혀 도움이 되지 않는다. 부정적 관점이 긍정적 변화의 원동력으로 작용하기 위해 전제되는 한 가지 조건이 있다. 먼저 자기가 갖고 있는 긍정적인 면을 찾아볼 수 있어야 한다는 것이다.

자기에 대한 부정적인 생각은 부정적인 감정과 부정적인 행동을 만들어낸다. 예컨대, '나는 머리가 나쁜 것 같다'고 생각해보자. 이 생각은 곧바로 '해봤자 되겠어? 머리가 나쁜데……' 라는 생각을 낳고 결국은 할 수 있는 일조차도 포기하게 만들 것이다. 그러면서 자신에 대한 실망, 우울 및 분노를 느끼게 될 것이다. 그리고 이런 감정은 '머리가 나쁘다', '할 수 있는 게 없다' 는 원래의 생각을 입증하는 확실한 증거로 채택된다. 그래서 '그것 봐, 난 머리가 나쁜 게 확실해' 라는 결론을 내리게 된다.

언젠가 한 학생이 대인관계와 학업문제 때문에 상담을 받고 싶다며 연구실로 찾아왔다. 그는 자신을 지나치게 힐난하면서 괴로워했다. 한참을 듣고 있다가 그에게 한마디 던졌다. "자네는 파출소로 가서 자수를 해야겠네." 느닷없는 이 말에 그는 의아한 듯 나를 쳐다봤다. 그래서 이렇게 말해주었다. "나는 자기학대도 아동학대 못지않은 범죄라고 생각하네." 그러면서 그 이유를 설명해주었다.

많은 사람들이 뭔가 일이 잘못될 때, 다른 사람들을 비난할 수 없다면 자신을 비난해야 한다고 생각한다. 그러나 그것은 잘못된 생각이다. 다른 사람들에게는 친절하고 그들이 잘못했을 때는 쉽게 용서하는 사람들 중에도 자기에게만은 불친절하고 자기의 실수를 용서하는 데는 인색한 사람들이 많다. 하지만 그것 역시 틀린 생각이다. 자기에게 친절하지 않으면서, 그리고 자기를 용서하지 못하면서 다른 사람을 진정으로 사랑하고 용서하는 것은 불가능하기 때문이다.

우리가 용서해야 할 사람은 타인만이 아니다. 오히려 자신을 먼저 용서해야 한다. 스스로에게 만족하고 기분이 좋아야 다른 사람들에게도 너그럽게 대할 수 있다. 그러나 자신이 미워지면 다른 사람도 미워지고 세상도 싫어진다. 항공기 승무원들은 자녀와 함께 탑승한 부모에게 유사시에는 반드시 부모가 먼저 산소마스크나 구명조끼를 착용하도록 권한다. 그래야 자녀를 돌볼 수 있기 때문이다. 조난 상황이 아니라도 자신을 먼저 돌봐야 한다. 그래야 다른 사람을 도울 수 있다.

다른 사람을 원망하고 탓하는 사람은 아무것도 이룰 수 없다. 자신을 심하게 비난하고 질책하는 사람 역시 성공할 수 없다. 지나치게 남을 탓하는 것, 지나치게 자신을 비난하는 것 모두 우리에게 위험하고 해로울 뿐이다.

먼지 낀 유리창을 볼 것인가 아름다운 경치를 볼 것인가

어떤 사람은 창 너머 아름다운 석양을 바라본다. 그러나 어떤 사람은 유리창에 내려앉은 뿌연 먼지를 들여다본다. 무엇을 볼 것인지, 그 선택은 순전히 자신의 몫이다. 자기가 뚱뚱하다고 불만스러워하는 사람은 늘어난 뱃살에만 안달할 뿐, 자기가 잘 먹고 잘 살고 있다는 사실은 중요시하지도, 감사하게 여기지도 않는다. 마찬가지로 "허구한 날 청소만 해야 하나?"라고 투덜거리는 주부는 청소해야 하는 집을 가지고 있다는 사실을 잊고 살기 때문에 감사할 수도 행복을 느낄 수도 없다.

부정적인 생각을 하면 얼마든지 부정적인 것을 찾아낼 수 있다. 한 가지 간단한 실험을 해보자. 주위를 한번 둘러보라. 그리고 푸른색인 것들을 찾아보라. 그리고 잠시 눈을 감고 어떤 것이 떠오르는지 그 이름을 대보라. 그러면 대부분 푸른색인 것들이 떠오를 것이다. 왜 그럴까? 말할 것도 없이 그것은 푸른색에 선택적으로 주의를 기울였기 때문이다.

많은 상담가들이 내담자에게 "문제가 무엇입니까?"라는 질문으로 상담을 시작한다. 먼저 문제를 파악해야 해결할 수 있다고 생각하기 때문이다. 그러나 내담자의 부정적인 경험에만 초점을 맞추다보면 문제른 해결하기는커녕 오히려 문제가 점점 더 심각해질 수 있다. 내가 지도했던 상담가 중에는 내담자가 기분이 좋아졌다고 말하는 경우조차도 습관적으로 "지난주에 특별히 어려웠던 점은 없었습니까?"라는 식의 질문을 한 사람이 있었다.

이런 질문은 내담자를 삶의 부정적인 부분에만 집착하도록 유도할 수 있다. 내담자가 안고 있는 문제를 진지하게 경청하고 공감함으로써 문제가 해결되는 경우가 있기는 하다. 그러나 부정적인 경험을 확인하는 데만 초점을 맞추면 내담자는 또 다른 문제를 안고 상담실을 찾게 된다. 자신과 세상에 대한 어두운 측면을 찾아내는 데 전문가가 되도록 상담가가 도왔기 때문이다. 마찬가지로 자신을 한심하게 만드는 방법도 간단하다. 한심하게 느껴지는 모습을 찾아내 그것만을 생각하면 된다.

나는 모든 심리치료나 상담의 목표는 자신에 대한 부정적인 이미지를 긍정적으로 바꾸는 것이며, 아직까지 찾아내지 못했던 가능성을 찾아 그것을 실현하게 하는 것이라고 생각한다. '할 수 없다'는 생각은 가능성을 닫아버리게 하고 '매력이 없다'는 생각은 사람과의 관계를 단절시킨다. 행복하려면 '행복할 수 있다'고 생각해야 하며, 성공하려면 '성공할 수 있다'고 생각해야 한다. 성공할 수 없다고 생각하는 사람은 번창할 수 없다. 그런 생각은 성공할 수 없는 일들만 생각하고 실패할 환경과 더욱더 친밀해지도록 하기 때문이다.

실패해도 자신을 너무 비난하지 말자

목표를 향해 최선을 다했다 하더라도 실패할 때가 있다. 언제나 옳은 결정을 하는 사람은 아무도 없으며 우리 모두는 날마다 가끔 씩 잘못된 결정을 내린다. 그러나 그것이 자연스러운 인생이다. 다이어트를 하기 위해 저녁식사 후에는 절대로 야식을 하지 않기로 계획을 세웠으나 작심삼일로 끝났다면 스스로 생각해도 정말 한심할 것이다. '그러면 그렇지'라고 자신을 비난하면서 모든 것을 포기하고 싶은 생각이 들 것이다.

어떤 경우에도 어제의 일 때문에 스스로를 비난하고 자학해서는 안 된다. 중요한 것은 새로운 내일을 계획하고 지금 할 일을 찾는 것이다. '하지 못했던 것들'을 후회하기보다는 목표를 다시 점검하고 자기 속에 숨어 있는 '할 수 있는 것들'을 찾는 것이 중요하다. 자신을 가혹하게 처벌하는 사람은 새로운 것을 배우기 힘들다. 나는 상담할 때 내담자들이 '할 수 없는 것들'에 대해 불평하면 '할 수 있는 것들'을 찾아보게 한다. 그리고 단점에 대해 이야기하면 장점 목록을 작성하도록 요청한다.

왜냐하면 '할 수 없는 것들'은 '할 수 있는 것들'에 의해서, 그리고 단점은 장점에 의해서만 대체가 가능하기 때문이다. 그러므로 실패했을 때조차도 자기에 대한 부정적인 생각을 단호히 거부하고 긍정적인 생각들을 선택해야 한다. "당신의 동의 없이는 아무도 당신에게 열등감을 느끼게 만들 수 없다."는 엘리노어 루스벨트의 말은 백 번을 들어도 지당한 말이다. 부정적인 생각을 우리가 선택했듯이 긍정적인 생각도 우리 스스로 선택할 수 있음을 명심하자.

부정적인 생각에서 벗어나게 하는 네 가지 제안

답은 질문을 하기 때문에 만들어진다. 그리고 부정적인 생각은 부정적인 질문을 하기 때문에 만들어진다. 예를 들어, "난 왜 이리 매력이 없을까?"라고 스스로에게 질문해보라. 그러면 우리의 영리한 뇌는 그 질문에 합당한 답을 끝도 없이 찾아낼 것이다. "키가 작잖아, 얼굴도 못생겼지, 그렇다고 똑똑한 것도 아니잖아."라고 매력과는 거리가 먼 답들을 줄줄 찾아낼 것이다. 그러면서 절망, 포기, 자기연민 등의 불쾌한 감정에 빠져 다른 사람들에게 다가서기를 꺼리게 될 것이다. 그러다보면 정말로 아무도 좋아하지 않게 되고, 당연히 매력이 없는 사람이 되고 말 것이다.

● **한 가지 단점을 찾으면 두 가지 장점을 찾아보자** : 자신의 단점 한 가지가 눈에 띄면 적어도 두 가지의 장점을 찾아보자. 한 가지 일에 실패했다면 그 과정에서 자기가 노력했던 두 가지 이상의 긍정적인 면을 반드시 찾아보자. 자신의 장점을 말하기 전에는 절

대로 자신에 대해 부정적으로 말하지 말자. 뭔가를 성취한 사람들은 모두 할 수 없는 것보다 할 수 있는 것을 생각하며 약점보다는 강점에 더 치중한다.

● **스스로에 대한 질문 방식을 바꿔보자** : 만약 지금까지 "내 문제는 뭐지?"라는 질문을 해왔다면 "내가 갖고 있는 좋은 점은 뭐지?"라고 질문해보자. "나는 이것을 왜 못하지?"라고 질문해왔다면 "어떻게 해야 잘할 수 있을까?"라고 질문하자. 그러면 우리의 뇌는 그 해결책을 찾아낼 것이다. 부정적인 질문은 부정적인 답을 낳고 긍정적인 질문은 긍정적인 답을 끌어낸다. 좋은 답을 찾기 위해서는 반드시 좋은 질문을 해야 한다.

● **아침에 일어나 거울 속 자신에게 미소를 지어보자** : 아침에 가장 먼저 마주치는 사람은 자신이며 자기를 가장 행복하게 만들어주는 사람 역시 자신이다. 아침에 일어나 거울 속 자신을 보면서 일단 미소부터 지어보자. 그리고 이렇게 인사하자. "잘 잤니? ○○야! 난 네가 정말 좋아!"라고 말이다. 하루를 시작하는 아침에 자신에 대해 긍정적으로 생각하면 그날 하루가 행복한 날이 될 가능성이 크다.

● **잠자기 전에 잘했던 일 세 가지를 떠올리자** : 하루가 시작되는 아침과 하루를 마무리하는 저녁은 그 어떤 때보다도 자기를 바라

보는 관점에 큰 영향을 미치는 시간이다. 잠들기 전에 그날 잘했던 일 세 가지를 떠올려보자. 굳이 거창한 일이 아니라도 좋다. '책상 서랍을 말끔하게 정리한 일'도 좋고 '친구에게 자장면을 사준 일'도 좋다. 그날 잘했던 일들을 찾다보면 내일은 이전보다 훨씬 행복한 날이 될 것이다.

우리를 진흙탕에 처박을 수 있는 사람도, 거기서 일으켜 세울 수 있는 사람도 자신이다. 그러니 다른 누구보다도 자신을 믿어야 한다. 그것이 행복의 비결이다. 주변의 모든 사람들이 다 한심하다고 말해도 자신에게만은 그렇게 말해서는 안 된다. 왜냐하면 우리는 자신이 생각하는 바로 그런 사람이 되기 때문이다.

Think Think Think !

❖ 내 주변에 자신을 한심하다고 생각하는 사람이 있는가?

❖ 그렇게 생각한 결과, 그들은 무엇을 잃고 무엇을 얻었는가?

❖ 그들과 비교할 때 나는 어떤 사람이며, 어떻게 해야 할까?

성장의 원동력, 열등감

앨프레드 아들러는 '인간은 타고난 열등감을 극복하고 우월성을 성취하려는 존재' 라는 열등감 이론을 창시했다. 그는 구루병을 갖고 태어나 외모가 추하고 매사에 서툴고 행동도 느려 형과 친구들에게 따돌림을 당했다. 중학교 때는 수학을 너무 못해 선생님이 그의 부모에게 자퇴시켜 구두 수선공이 되게 하는 게 좋겠다고 권유할 정도였다. 그 일이 있고 나서 그는 수학공부에 전력을 다해 졸업할 때는 반에서 최우수 학생이 되었다.

질병 때문에 큰 고통을 겪은 그는 의사가 되기로 결심하고 당시 일류학교였던 비엔나대학교 의과대학에 입학했다. 졸업한 후에는 프로이트 밑에서 정신분석학을 공부했으나 인간의 모든 행동을 성 본능으로 설명하려는 프로이트를 비판하면서 그와 결별하게 되었다. 아들러가 유명해지자 프로이트는 체구가 작은 아들러를 난쟁이라 부르며 자신이 난쟁이를 위대하게 만들었다고 말했다. 이 말을 들은 아들러는 "거인 어깨 위의 난쟁이는 그 거인보다 훨씬 멀리 볼 수 있다." 라는 유명한 말을 남기기도 했다.

그는 상담소를 설립해 열등감과 정신적 문제로 시달리는 수많은 사람들에게 도움을 주었으며 롱아일랜드 의대 정신과 과장을 역임했다. 열등감을 극복하고 우월성을 성취할지, 열등감에서 벗어나지 못하고 신경증 환자가 될지는 개인의 선택에 의해 좌우된다고 해서 그의 이론을 개인심리학이라고도 부른다. 그는 정신의학분야에서 획기적인 공헌을 했으며, 현재 전 세계적으로 아들러심리학회가 조직되어 있다.

08

'해야 할 일'을
'하고 싶은 놀이'로 바꾼다

어떤 직업, 어떤 자리에 있건
자신의 일을 사랑하지 않는 이상,
결코 성공할 수 없다.
—노만 빈센트 필

- 벌써 개학이야? 지겨운 학교, 빨리 졸업해야지…….
- 허구한 날 밥하고 청소하고 빨래라니, 사는 게 뭔지…….
- 아이고, 지겨워. 오늘도 출근을 해야 한단 말이지…….
- 퇴근 시간, 아직도 두 시간이나 남았잖아!
- 목구멍이 포도청이라, 이걸 때려치울 수도 없고…….

내 주변에는 자기가 해야 할 일을 앞에 두고 이같이 투덜거리는
사람들이 적지 않다. 여러분은 어떤가?

살아 있는 한, 우리가 어떤 위치에 있든지 반드시 해야 할 일이

있다. 학생은 공부를 해야 하고, 주부는 살림을 해야 하며, 근로자는 일을 해야 한다. 같은 일을 하면서도 사람에 따라 그 일을 바라보는 관점은 완전히 다르다. 어떤 사람은 해야 할 일을 반갑게 맞이하면서 '이제 이 일을 시작할 시간이다' 라고 크게 외치는 내면의 목소리를 듣는다. 반면 어떤 사람은 할 일을 앞에 두고 인상을 쓰면서 '정말 이걸 해야 한단 말이야?' 라고 투덜거리는 내면의 목소리를 듣는다.

자기의 일을 지겨워한다면……

한 조사 결과에 의하면 대부분의 성인들은 깨어 있는 시간의 75퍼센트 정도를 일과 관련된 활동에 쓰고 있다고 한다. 여기에는 일하는 시간뿐 아니라 출퇴근하는 데 걸리는 시간과 일과 관련된 이런 저런 생각을 하는 시간, 일 때문에 겪었던 긴장을 푸는 시간까지 포함된다. 어림잡아 우리는 하루의 4분의 3을 일과 관련된 활동을 하는 데 할애하고 있다.

미국 사람들이 매주 금요일이 되면 환호성을 지르면서 주고받는 인사가 있다. "TGIF!(Thank God It's Friday하나님, 감사합니다. 드디어 금요일이 왔습니다!)" 지겨운 한 주가 끝나고 드디어 일에서 벗어날 수 있는 주말을 맞게 되었다는 것이다.

많은 시간을 일과 관련해서 보내고 있지만, 안타깝게도 대다수의 사람들은 일을 고역으로 받아들이며 인생의 의미를 일이 끝난 이후에, 일터가 아닌 곳에서 찾으려고 한다.

　　삶의 질을 높이려면 일 밖에서 의미와 보람을 찾겠다는 생각부터 버려야 한다. 왜냐하면 일 밖에서 인생의 가치를 찾는다는 것은 인생의 4분의 3을 무가치하게 보내고 있다는 의미이기 때문이다. 그렇다고 내 말을 '쉬지도 말고 즐기지도 말라'는 뜻으로 받아들이면 안 된다. 내가 하고 싶은 말은 인생의 진정한 의미를 찾으려면 깨어 있는 시간의 대부분을 투자하는 자기의 일을 진정으로 좋아해야 한다는 것이다.

　　사람들이 자신의 일을 고역으로 받아들이는 이유 중 하나는 자기의 일을 하나마나한 무가치한 일이며 단지 먹고살기 위해 할 뿐이라고 비하하기 때문이다. 만약 여러분이 하고 있는 일에 불만을 갖고 있다면 일을 하는 그 자리가 싫어질 것이다. 그리고 그 자리에 있는 다른 사람들조차도 싫어질 것이다. 또 그 일이 끝난 후에도 그 일을 불평하면서 시간을 허비할 것이다. 자기의 일을 싫어할 때 일어나는 가장 슬픈 일 중 하나는 그 일을 하고 있는 자신까지 미워하게 된다는 사실이다.

　　주어진 일을 하고 있는 동안에는 행복을 유보하고 지내겠다고 생각하는 사람들이 많다. 그러나 그 생각은 좀더 행복하고 만족스러운 삶을 살아갈 수 있는 가능성을 포기하게 만들 뿐이다.

지금 무슨 일을 하고 계세요?

18세에 영국에서 무일푼으로 미국으로 건너와 서른 살에 백만장자가 된 앤드류 우드는 일을 대하는 자세가 성공에 얼마나 중요한 영향을 미치는지를 설명하기 위해 다음과 같은 일화를 소개했다.

한 소년이 샌프란시스코의 바닷가 언덕 아래에서 인부들이 기계를 가지고 작업하는 광경을 물끄러미 바라보고 있었다. 그 소년은 아이들이 흔히 그렇듯이 호기심을 이기지 못하고 거대한 쇠기둥을 용접하는 세 사람에게 다가갔다. 소년이 첫 번째 용접공에게 "지금 무슨 일을 하고 계세요?"라고 물었다. 그 용접공은 퉁명스러운 목소리로 "보면 모르냐! 먹고살기 위해 이 짓을 하고 있다."

라고 대답했다.

소년은 다시 두 번째 용접공에게 다가가 같은 질문을 던졌다. 그는 앞사람보다 목소리가 부드러웠지만 여전히 귀찮다는 표정으로 "쇳조각을 용접하는 중이잖니."라고 대답했다.

소년은 세 번째 용접공에게 다가갔다. 소년의 질문을 받은 그 용접공은 잠시 일손을 놓고 고개를 들어 소년을 쳐다보며 환한 미소를 지었다. 그리고 그는 "나는 지금 세상에서 가장 멋진 다리를 만들고 있단다."라고 말했다.

세 사람 모두 똑같은 일을 하고 있는 용접공이었다. 그들은 같은 장소에서 같은 시간, 같은 돈을 받으며 일을 하고 있다. 그러나 그들이 보여준 일에 대한 태도는 완전히 달랐다. 이들 세 사람 중 누가 제일 성공할 수 있을까? 누가 가장 행복할까?

만약 여러분 앞에 어떤 소년이 다가와서 "지금 무슨 일을 하고 계세요?"라고 묻는다면, 어떤 대답을 해줄 수 있을까?

나는 지금 _____ 일을 하고 있다.

정말 멋진 일이 주어진다면……

지금 하고 있는 일에 불만을 갖고 있는 사람들 중에는 더 가치 있고 멋진 일이 주어진다면 훨씬 더 즐겁게, 그리고 더 열심히 일할 것이라고 말하는 사람들이 많다. 그들은 자기가 지금 하고 있는 일에 최선을 다하지 않는 이유는 그 일이 너무 평범하고 하찮은 일이기 때문이라고 말한다. 그러면서 지금 하고 있는 일에 대해 주변 사람들에게 끊임없이 불평한다. 왜 그럴까?

한 가지 이유는 그렇게 하는 것이 열심히 하고 있지 않은 자신을 변명할 수 있게 해주기 때문이다. 또 다른 중요한 이유가 있다. 하고 있는 일에 대해 투덜거리면 다른 사람에게는 '이런 일' 정도에 만족할 사람이 아니라는 것을 보여주고, 스스로는 대단한 사람이 된 듯한 기분을 느낄 수 있기 때문이다.

언젠가 학원에서 아이들을 가르치고 있다는 졸업생이 찾아왔다. "하는 일은 어때?"라고 묻자 그는 "할 수 없이 하고 있습니다. 취업도 안 되고 생활비가 없어 잠시 하고 있을 뿐이에요."라고 말했다. 그러면서 가르치는 일은 대충대충 해도 되기 때문에 재미도 없고 열심히 하지도 않는다고 했다. 그래서 나는 다시 물었다. "그렇다면 무슨 일을 하고 싶은데?" 그는 "제가 하고 싶은 일은 홍보 업무입니다. 그 일을 찾고 있습니다."라고 대답했다. 또다시 물었다. "학원에서도 홍보와 관련된 일을 찾아볼 수 있지 않을까?" 그 말에 그는 "그런 일은 원장이 부탁한 적도 없고 학원에서 내가 할 일이 아니기 때문에 생각해 보지도 않았습니다."라고 답했다. 유감스럽게도 나는 그 졸업생이 자기가 좋아하는 홍보 업무를 멋지게 수행하고 있다는 소식을 아직도 듣지 못하고 있다.

자기의 일에 불만을 품고 있는 직장인들 중에는 회사를 그만두고 자기 사업을 하고 싶어하는 사람들이 많다. 자기 사업을 하면 누구의 간섭을 받지 않아도 되고, 하고 싶은 일을 맘껏 할 수 있다고 생각하기 때문이다. 그러나 여러분의 주변을 한번 둘러보라. 자기 사업으로 성공한 사람들 중 거의 대부분이 무슨 일이든지 자기가 맡은 일을 좋아했고, 누구보다 그 일을 잘해냈으며 회사에서 필요로 했던 사람이었음을 확인할 수 있을 것이다. 회사에서 시원찮게 일을 했던 사람은 퇴직하고 자기 사업을 해도 성공하기 어렵다. '지금 여기'에서 최선을 다하지 못하는 사람들은 '언젠가 거기'로 가더라도 역시 잘할 수 없다.

알버트 그레이는 '성공의 공통분모'라는 주제의 연설에서 자신이 관찰한 성공한 사람들의 모습을 얘기했다. "성공하는 사람은 성공하지 못한 사람들이 하고 싶어하지 않는 일을 하는 습관을 가지고 있다. 물론 그들도 그런 일을 하고 싶지 않기는 마찬가지이다. 그러나 그들은 목적의식이라는 힘으로 그것을 극복하고 하기 싫은 일을 하고 싶은 일로 만든다." 정말 지당한 말이 아닌가?

기회는 준비된 자에게만 찾아온다. 자신의 상품가치를 높이려면 지금 당장 '해야만 하는 일'을 '하고 싶은 놀이'로 만들어야 한다. 그것이 도저히 불가능하다면 하고 있는 일에 대해 더 이상 투덜거리지 말고 과감하게 그 일을 그만두어야 한다.

가외의 노력을 쏟지 않는 일은 영원히 지겨운 일로 남는다

자기가 하는 일을 지겨워하는 한 가지 이유는 그 일이 자부심을 가질 만한 일이 아니라고 생각하기 때문이다. 사실 매일 아침부터 저녁까지 물건을 쌓고 쓰레기를 치우는 등의 단순한 일에 자부심을 갖기는 어려울지 모른다. 하지만 아무리 기계적이고 사소한 일이라도 자부심을 갖고 세상을 밝게 변화시키는 사람들이 있다.

얼마 전 경영자 독서 세미나에 강의하러 가기 위해 택시를 탄 일이 있었다. 강의를 하러 갈 때 탔던 택시 기사는 무엇 때문에 화가 났는지 몰라도 인상을 잔뜩 찌푸리고 있었다. 그리고 "이놈의 운전 좀 안 하고 살 수 없나!"라고 투덜거리면서 겁이 날 정도로 난폭하게 차를 몰았다. 그런데 강의를 마치고 오는 길에 탔던 택시 기사는 완전히 딴판이었다. 그는 미소를 지으면서 "오늘 많이 덥죠?"라고 인사를 건넸다. 한참을 달리다가 택시를 잡으려는 할머니를 보고 내게 태워드려도 되겠냐고 양해를 구했다. 그뿐 아니라 차에서 내려 할머니의 짐을 트렁크에 실어주기까지 했다.

똑같은 일을 하는 두 기사가 보여준 태도는 왜 이리 다를까? '앞의 기사는 기분 나쁜 일이 있어서 난폭하게 운전을 했고 뒤의 기사는 기분 좋은 일이 있어서 친절했다'고 할지 모른다. 그런데 그 반대일 확률이 높다. 사실 서비스를 잘하니까 기분이 좋아지는 경우가 더 많다. 나는 두 번째 기사에게 던진 질문을 통해 그 답을

얻었다. "운전을 기분 좋게 하시고 매우 친절하신데, 그 비결이 뭡니까?" 그의 대답은 간단했다. "비결이랄 것도 없습니다. 손님에게 친절하게 대하면 내 기분도 좋아지거든요. 그러면 사고도 안 날뿐더러 돈도 더 많이 벌리니까요." 나는 택시에서 내리면서 거스름돈을 받지 않았다.

두 명의 기사 중 누가 더 행복하고 누가 더 성공할 수 있을까? 말할 것도 없이 후자의 경우이다. 여러분이 전자의 경우라고 답할 수 있는 증거를 찾으려고 아무리 애써도 불가능할 것이다. 세상에 하찮고 평범한 일은 없다. 단지 하찮고 평범하게 일하는 태도가 있을 뿐이다.

일에서 얻는 자부심은 거저 주어지는 것이 아니다. 그 일이 요구하는 것 이상의 애정을 가져야 하고 그 일과 관련된 누군가를 배려해야만 한다. 다시 말하면 별도의 정성을 기울이지 않으면 지겨운 일은 영원히 지겨운 일로 남으며, 그 일로 성공하는 일은 있을 수 없다는 말이다.

배우기를 즐기는 학생이 공부를 잘하고, 가르치기를 좋아하는 교수가 강의를 잘하며, 비즈니스를 재미있어 하는 사업가가 부자가 된다는 것은 너무나도 평범한 진리다.

목구멍이 포도청이라고 생각한다면……

우리 속담에 "목구멍이 포도청"이라는 말이 있다. 이 말의 원래 의미는 배고픔이 극에 달해 참지 못할 정도가 되면 포도청에 잡혀갈 것을 감수하면서도 해서는 안 될 짓을 하게 된다는 뜻이다. 그러나 요즘같이 배곯아 죽을 지경에 처한 사람들이 많지 않은 상황에서는 오히려 자기가 하는 일을 구복지계(口腹之計 : 입에 풀칠하거나 배를 채우기 위한 계책)로 보고, 먹고살기 위해 하기 싫은 일을 억지로 한다는 의미로 더 많이 사용되고 있다.

혹시라도 여러분이 하고 있는 일을 "목구멍이 포도청"이라 억지로 하고 있다고 생각한다면 그 일에서 뛰쳐나오려고 하기 전에 해야 할 중요한 일이 있다. 먼저 "목구멍이 포도청"이라는 여러분의 생각에서 뛰쳐나와야 한다. 무슨 일을 하든지 그것을 먹고살기 위한 노동으로 생각하는 한 우리는 단지 노예일 뿐이며 평생 동안 그 포도청에서 벗어날 수 없다.

'하고 싶다'고 생각하는 사람은 '해야만 한다'고 생각하는 사람보다 같은 일, 같은 시간을 일해도 늘 더 뛰어나다. 따라서 뛰어나기를 원한다면 '해야만 하는 일'을 '하고 싶은 일'로 바꿀 수 있는 방법을 끊임없이 찾아야 한다.

Think Think Think !

❖ '먹고살기'만을 위해 일하고 있는 사람을 보면 어떤 느낌이 드는가?

❖ 나는 내가 하는 일에 대해 어떻게 생각하는가?

❖ 내가 하는 일을 더 좋아하려면 어떻게 해야 할까?

one more

성공하는 사람들이 일을 대하는 일곱 가지 태도

- 일은 선택할 수 없어도 일을 대하는 태도는 선택할 수 있다고 믿는다.

- 똑같은 방식으로 일하기보다는 끊임없이 새로운 방법을 찾는다.

- 환경을 탓하는 것이 아니라 환경을 만들어낸다.

- 누군가를 위해서가 아니라 자신을 위해서 일한다고 생각한다.

- 하기 싫은 일이라도 목표 달성에 필요하다고 생각하면 기꺼이 한다.

- 일의 결과로 주어지는 보상보다는 일 자체를 좋아하고 즐긴다.

- 받는 만큼 일하기보다는 보수 이상으로 일한다.

09

받는 것 이상으로 일한다

명확한 목표와 보상을 생각하지 않
고 일하는 자세는 상상력이 풍부한
사람들 조차 예상치 못할 엄청난 힘
을 만들어낸다.

— 나폴레온 힐

언젠가 일본의 전기산업 노조연합이 한국과 일본 등의
전기노동자 6천900명을 대상으로 회사 일에 대한 열의를 조사한
결과가 우리나라 신문에 보도된 적이 있다. 그 기사에 따르면 한국
근로자들의 절반에 가까운 45.2퍼센트가 '보수만큼만 일한다' 고
응답했다. 그리고 '회사의 발전을 위해 최선을 다한다' 고 응답한
사람은 28퍼센트에 그쳤다.

이런 결과는 어디까지나 근로자들이 스스로를 평가했을 때의
얘기이다. 고용주의 입장에서 평가한다면 완전히 다른 결과가 나
올 것이다. 어쨌든 중요한 것은 근로자들 스스로의 평가 결과에서

도 '최선을 다한다'는 근로자들보다는 '보수만큼만 일한다'고 답한 사람들이 훨씬 더 많다는 사실이다.

받는 만큼만 일하는 까닭

개인 간이든 개인과 조직 간이든, 거래에서 가장 중요한 원칙은 공평성이다. '기브 앤 테이크Give and Take', 즉 주는 만큼 받고 받는 만큼 주어야 한다는 이 원칙에서 벗어나게 되면 사람들은 불쾌감을 느낀다. 상대에게 준 만큼 돌려받지 못하게 되면 섭섭한 마음이 들고 무시당했다는 느낌에 화가 날 수도 있다. 그것이 사람의 마음이다.

상대에게 받은 만큼 돌려주지 못할 때도 결코 편하지만은 않다. 자기가 기여한 바에 비해 조금 더 많은 것을 받았을 때는 기분이 좋을 수도 있지만 상식적인 수준을 벗어나면 미안한 마음이 들고, 그보다 더 많은 것을 받게 되면 불안해질 수도 있다. 나아가 자기가 준 것에 비해 훨씬 많은 것을 취하게 되면 죄책감을 느낄지도 모른다.

사람들이 가장 편하게 느끼는 거래 상황이란 말할 것도 없이 주는 것만큼 받거나 받는 것만큼 주는 것이다. 그래서 대부분의 사람들은 받는 만큼 일한다. 정말 합리적인 선택이다. 문제는 이렇게 합리적인 것처럼 보이는 선택이 결코 당사자에게조차 별 도움이 안 된다는 사실이다.

받는 것 이상으로 일하면 멍청이?

어느 조직에나 세 종류의 사람들이 있다. 첫 번째 부류는 조직에 별 도움이 되지 않는 사람들로, 이들은 조직에서 나가주기를 은근히 바라는 사람들이다. 두 번째 부류는 있으나마나한 사람들로, 조직에서 나가든 말든 별로 신경을 쓰지 않는 사람들이다. 세 번째 부류는 그 조직에 반드시 있어야 할 사람으로 경영자 입장에서 보면 없는 자리라도 만들어 붙잡고 싶은 사람들이다.

이 세 종류의 사람들을 보수와 관련시켜 본다면, 첫 번째 유형의 사람은 지급하는 보수만큼도 일하지 않는 사람들이고, 두 번째 부류는 받는 만큼만 일하는 사람이며, 세 번째 부류는 보수보다 훨씬 많은 일을 하는 사람일 것이다. 여러분은 조직 내에서 어떤 부류에 속하는가?

받는 만큼만 일하는 것을 좌우명으로 삼고 있는 사람들은 스스로를 매우 합리적인 존재라고 생각한다. 그래서 보수 이상으로 일하는 사람들을 멍청이라고 비웃는다. 그러면서 받는 것 이상으로 일하는 사람들을 탐욕적인 기업주의 희생자라고 동정 어린 눈빛으로 바라본다. 받는 것 이상으로 일하는 사람들이 정말 멍청이이고 희생자일까?

많은 사람들이 보수를 더 많이 받으면 더 열심히 일하겠다고 말한다. 그러나 여러분이 고용주라면 그 말을 믿겠는가? 믿지 못할 것이다. 고용주들은 더 열심히 일하는 것을 보여주면 그때 가서 상응하는 보수를 지급하겠다고 할 것이다.

정말 현명한 사람은 고용주가 탐욕적인 경우조차도 보수 이상의 생산성을 창출한다. 그리하여 고용주에게 없어서는 안 될 사람이라는 인식을 심어준다. 그렇게 되면 고용주는 온갖 수단과 방법을 동원해서 그를 붙잡으려고 할 것이다. 현명한 사람은 스스로의 몸값을 올림으로써 고용주의 욕심을 역이용한다. 특히 요즘처럼 평생직장 개념이 사라진 사회에서는 보수 이상의 생산성 창출이 다른 어떤 것보다 중요하다.

고용주 입장에서 보면, 받는 만큼만 일하는 사람들은 언제든지 대체 가능한 인력에 불과하다. 직업에서의 안정성을 보장받고 성공을 이루는 유일한 버팀목은 자신을 다른 사람으로 대체하기 어렵게 만드는 것이다. 보수 이상으로 일하는 것이 손해 보는 거래라고 생각하면서 자기 일을 소홀히 하는 것은 가난이나 실패로 가는 고속도로에 진입하는 것과 같다. 결론을 말하자면, 받는 것 이상으로 일한다고 비웃음을 샀던 사람들이 훨씬 더 현명하다는 사실이다.

접시를 닦더라도 열정과 헌신을 다하라

나는 잠깐 하는 아르바이트라고 일을 건성건성 하면서 시간을 때우는 대학생들과 수련과정에서조차 보수가 적다는 이유로 주어진 일만 마지못해 대충대충 하는 대학원생들을 알고 있다. 이들의 행동 이면에는 지금 받는 보수로는 이 정도도 과하다는 생각이 깔려 있다. 그들 중 본업에 뛰어들어 탁월한 성과를 내고 있는 사람을 난 아직 만나지 못했다. 왜 그럴까? "안에서 새는 바가지 밖에서도 샌다"고 본업에 뛰어들어서도 그들의 태도가 달라지지 않았으며, 그런 사람은 어디를 가나 환영받지 못하기 때문이다.

원하는 일이 아니라고 해서, 보수가 적다고 해서 자기가 선택한 일을 무성의하게 해서는 안 된다. 현재의 일이 정말 원하는 일과 관련이 없다고 해도 거기서 쌓는 지식과 일을 대하는 태도는 언제든지 다른 곳에서 쓸 수 있기 때문이다. 헬스장에서 다져진 건강은 그곳보다는 다른 곳에서 더 유용하게 사용된다.

어떤 일을 하고 싶게 만드는 동기에는 두 가지가 있다. 그 중 하나는 외적 동기이며 다른 하나는 내적 동기이다. 외적 동기는 급여나 승진 등 외부에서 주어지는 것이며, 내적 동기는 일 자체에서 의미를 찾고 그것을 즐기고 좋아하는 등 스스로 부여하는 동기이다.

헝가리계 미국인 심리학자 칙센트 미하이 박사는 내적 동기가 외적 동기보다 성공에 훨씬 더 영향을 미친다는 사실을 미술학교

학생들을 대상으로 확인한 바 있다.

미술학교를 졸업한 지 18년이 지난 200여 명의 졸업생들을 대상으로 조사한 결과, 훌륭한 화가가 된 사람들은 대부분 학창시절에 그림을 그리는 일 자체에서 순수한 즐거움을 맛본 사람들이었다. 반면, 명성과 부에 대한 꿈이 그림을 그리는 동기였던 사람들은 대부분 졸업 후 미술계를 떠났다. 이 연구를 통해 그는 다음과 같은 결론을 내렸다. "화가는 다른 무엇보다도 그림을 그리고 싶어해야 한다. 만약 캔버스 앞에 선 화가가 자신의 그림이 얼마에 팔릴지, 비평가가 뭐라고 평가할지 등을 고민한다면, 독창적인 행로를 추구하기가 애당초 불가능하다."

얼마 전에 미국 외식업계 매출 4위인 아웃백스테이크하우스의 마케팅담당 이사인 스테이시 가델라가 우리나라를 찾았다. 그녀는 대학시절인 1994년 미국 애틀랜타 에모리대학교 부근에 있는 아웃백스테이크하우스에서 접시 닦는 아르바이트를 했다. 그녀는 온 정성을 기울여 접시 하나하나를 물기 한 방울 없이 깨끗이 닦아 가지런히 정리해놓는 등 남다른 열정과 헌신으로 자기의 일에 최선을 다했다. 그런 자세가 지배인의 눈에 띄어 입사 제안을 받은 그녀는 대학 졸업 후 입사 5년 만에 업계 4위의 매출을 기록하고 있는 대기업의 이사로 승진했다.

무보수로 20년간 일할 생각이 있는가

앤드류 카네기는 40명이나 되는 일용직 노무자를 백만장자로 만들어놓은 것으로도 유명하다. 그가 인재를 선발하는 방법은 매우 독특했는데, 가장 먼저 확인했던 점은 기꺼이 무보수로 일하겠다는 정신이었다. 그 다음 그들의 마음이 명확한 목표를 향해 단단히 고정되어 있고, 그 목표를 달성하기 위해 제대로 준비되어 있는지를 알아보았다. 그는 그런 사람을 발견하면 자기 회사의 핵심부서로 끌어들여 최대한의 기회를 제공해주었다.

카네기의 성공철학을 엮은 《놓치고 싶지 않은 나의 꿈 나의 인생》이라는 책이 탄생한 드라마틱한 이야기가 있다. 신출내기 잡지사 기자였던 나폴레온 힐이 카네기의 성공담을 잡지에 싣기 위해 인터뷰를 하러 갔다. 당시 거대한 철강산업을 일으켜 막대한 부를 이룬 카네기는 성공철학을 완성할 수 있는 적임자를 찾고 있던 중이었으며, 이미 250명 이상의 젊은이들과 면담을 끝낸 상태였다.

카네기는 그의 성공담에 대한 운을 떼면서 힐이 오랫동안 찾던 성공철학을 정리할 수 있는 적임자인지를 알아보기 위해 테스트를 시작했다. 힐에게 던진 카네기의 첫 질문은 이랬다. "이 일을 맡아서 끝까지 완성할 자신이 있습니까?" 힐은 "예."라고 대답했고, 곧이어 카네기는 두 번째 질문을 던졌다. "내 성공철학을 완성할 기회를 준다면, 아무런 보수도 받지 않고 당신의 힘으로 생활하면서 20년이라는 세월을 성공과 실패의 원인에 대한 연구에 기꺼이 바칠 수 있겠습니까?" 힐은 충격을 받았지만 잠시 생각한 후 그렇게 하겠다고 대답했다.

나폴레온 힐이 나중에 안 사실이지만 카네기는 질문을 하면서 스톱워치를 손에 쥐고 있었고, 대답을 듣기 위해 정확히 60초를 정해놓고 있었다. 그리고 힐이 실제로 대답하는 데 걸린 시간은 29초였다. 카네기는 목표가 뚜렷하고 결단력이 있으며 보상을 생각하지 않고 목표를 달성하려는 '천부적인 그릇'을 찾게 된 것이다.

나폴레온 힐은 보상을 생각하지 않는 원칙을 응용해 카네기로부터 많은 지식을 얻었다. 그 결과로 탄생한 책은 전 세계적으로 2

천만 부 이상이 팔렸으며 힐을 돈방석에 앉혀놓았다. 실제로 힐이 그 책을 쓰는 데 걸린 시간은 단 4개월이었다.

먼저 뿌려야 거둘 수 있다

나는 내가 지도하는 학생들에게 어느 자리에 있든지 보수 이상으로 일하는 태도, 더 나아가 기꺼이 무보수로 일하는 자세를 갖기를 당부한다. 실패하는 사람들의 공통점 중 하나가 금전적 보상 너머를 바라보지 못하는 것이라고 생각하며, 내 학생들이 그런 부류에 속하지 않기를 간절히 바라기 때문이다. 안타깝게도 그런 나의 조언을 '좀더 부려먹기 위해서'라고 받아들이고 흘려듣는 학생들이 있다. 하긴 답을 가르쳐주고 시험을 봐도 틀리는 학생이 있고, 대문짝만하게 '수영 금지' 표지판을 세워봐도 거기에 들어가 익사하는 사람들이 있게 마련이다.

'받는 만큼만 일한다'는 생각에 아직도 미련이 남아 있다면, 보수 이상으로 일하거나 무보수로 일할 기회를 무시했을 때 어떤 일이 일어날지를 생각해봐야 한다.

첫째, 보수 때문에 해야 하는 일은 노동이 되기 때문에 일 자체에 재미를 느낄 수 없게 되고 생활에서 만족감을 느끼지 못한다. 둘째, 스스로를 돈의 노예로 취급하게 되어 결과적으로 자긍심이 떨어진다. 셋째, 보수 이상의 일은 가외의 일이라고 생각해 의무적으로 하기 때문에 일을 통해 뭔가를 배우거나 창의성을 계발할 수 없게 된다. 마지막으로 이런 사람들은 어디서도 환영받지 못하므로 더 나은 조건에서 일할 수 있는 기회를 놓치게 된다. 결국 경제적 문제에 맞닥뜨리게 될 뿐 아니라 정신건강까지도 나빠진다.

그렇다면 보수 이상으로 일하는 자세를 통해 얻을 수 있는 이득은 무엇일까?

첫째, 보수를 생각하지 않고 하는 일은 노동이 아니라 놀이가 되기 때문에 생활에서 즐거움과 만족감을 느끼게 된다. 놀이가 즐거운 이유는 그것이 보상이나 의무 때문에 하는 것이 아니기 때문이다.

둘째, 보수만을 생각하면서 일하는 사람들이 보지 못하는 것을 찾아낼 수 있다. 일에 보수 이외의 부가적 의미를 둘 때 사람들은 상상력과 독창성을 발휘한다. 결국 더 많은 것을 배우고 자기만의 노하우를 쌓을 수 있어 자신의 상품가치를 높일 수 있다.

셋째, 대부분의 사람들이 받는 만큼 일하는 것을 당연하게 생각하기 때문에 가외로 뭔가를 제공하는 것은 다수의 대중 속에서 자신을 돋보이게 하는 가장 확실한 방법이 될 수 있다. 이는 버릇없이 행동하는 사람이 많을수록 예의 바른 사람이 돋보이는 것과 같다.

넷째, 받는 것 이상으로 서비스를 제공하고 감동을 주는 사람은 누구에게나 환영을 받는다. 그래서 장기적으로 보면 보수를 생각하지 않고 일하는 사람이 훨씬 더 많은 보수를 받게 된다. 결국 보수 이상으로 일해서 생기는 가장 큰 이득은 서비스를 제공하는 사람에게 돌아간다.

장작을 한아름 쌓아놓고도 평생 추위에 떨고 지내는 사람들이 있다. 그들은 난로에게 이렇게 말한다. "난로야, 이 방을 화끈하게 데워줘. 그러면 너에게 장작을 넣어줄게." 농부들은 먼저 씨를 뿌리고, 뿌린 것보다 더 많이 거둔다. 비즈니스 세계뿐 아니라 인간관계에서도 무엇인가를 거두려면 반드시 먼저 뿌려야 한다. 이는 어느 시대에서나 통하는 진리이다.

Think Think Think !

✤ 나는 조직에서 어떤 부류의 사람에 속하는가?

✤ 카네기는 왜 무보수로 일할 사람을 찾았을까?

✤ 보수 이상으로 일해서 얻을 수 있는 것은 무엇인가?

1%만 바꿔도 인생이 달라진다

품삯을 더 받는 것도 아닌데……

옛날 장원의 한 영주가 산책길에 자신이 고용하고 있는 젊은 정원사가 땀을 흘리면서 부지런히 정원 일을 하는 것을 보았다. 걸음을 멈추고 살펴보니 정원 구석구석을 아주 아름답게 손질하고 있었다. 그뿐 아니라 젊은 정원사는 자기가 관리하는 화분마다 꽃을 조각하는 일에 열중하고 있었다. 이 광경을 목격한 영주는 그 젊은 정원사를 기특하게 여겨 그에게 물었다. "자네가 화분에다 꽃을 조각한다고 해서 품삯을 더 받을 수 있는 것도 아닌데, 어째서 거기에다 그토록 정성을 들이는가?" 젊은 정원사는 이마에 맺힌 땀을 옷깃으로 닦으며 이렇게 대답했다. "나는 이 정원을 매우 사랑합니다. 내가 맡은 일을 다 하고 나서 시간이 남으면 더 아름답게 만들기 위해 이 나무통으로 된 화분에 꽃을 새겨 넣고 있습니다. 나는 이런 일이 한없이 즐겁습니다." 이 말을 들은 영주는 젊은 정원사가 너무 기특하고 또 손재주도 있는 것 같아 그에게 조각 공부를 시켰다. 이 젊은 정원사가 뒷날 이탈리아 르네상스 시대의 최대 조각가요, 건축가이며 화가인 미켈란젤로, 바로 그 사람이다.

10

비판보다 더 훌륭한 피드백은 없다

내가 상처받지 않기로 마음먹은 이
상, 어느 누구도 내게 상처를 입힐
수 없다.

—간디

학생들을 지도하다보면 본의 아니게 이런저런 일로 학생
들을 질책할 때가 있다. 얼마 전의 일이다. 한 대학원생의 졸업논
문에 문제가 있어 이를 지적하면서 야단을 치자 그 학생은 얼굴이
벌게지면서 당혹스러워했다. 아마도 창피함을 느꼈기 때문일 것
이다. 조금 심하게는 모멸감을 느꼈을지도 모른다. 이 학생은 그
후로 거의 내 앞에 나타나지 않았다. 논문 제출시기가 코앞에 닥쳐
나타났으나 주눅이 들어 논문에 대해 제대로 설명하지도 못했다.
논문의 내용도 거의 변화가 없었다.

그러나 어떤 학생들은 똑같은 지적을 받아도 언제 그랬냐는 듯

이 금방 생글거리면서 수정한 논문을 검토해달라고 부탁하거나 자료를 요청하러 찾아온다. 나는 후자 유형의 학생들을 좋아한다. 왜냐하면 그들은 다른 사람의 부정적 평가나 비판을 수용하면서도 타인의 비판에 자신의 가능성을 묶어버리지 않기 때문이다. 비판을 견디지 못한다는 것은 비판을 받아들이지 못하는 것임과 동시에 비판에 얽매이는 것이기도 하다. 그런 사람들은 발전 가능성이 별로 없다.

　부정적 평가를 받아들이지 못하고 쉽게 주눅이 드는 학생들에게 내가 종종 해주는 이야기가 있다. 바로 '코끼리 길들이기'에 관한 이야기다.

코끼리를 묶고 있는 것은 무엇일까?

　코끼리는 지구상에 사는 가장 체구가 큰 동물이다. 큰 놈은 몸무게가 5톤 이상 나간다. 그럼에도 자기 몸무게의 몇십 분의 1에도 못 미치는 사람들에게 길들여져 조종을 당하며 살고 있다.

　인도나 태국에서는 야생 코끼리를 잡아 길들이기 위해 일단 어린 코끼리를 유인해서 우리에 가둔다. 그리고 발에 어느 정도 길이의 굵은 쇠사슬을 채우고 쇠사슬의 한쪽 끝을 튼튼하고 우람한 나무 기둥에 묶어둔다. 그리고 우리의 문을 열어 자유롭게 움직일 수 있게 해준다. 아기코끼리는 어떻게든 쇠사슬에서 벗어나려고 발버둥을 쳐보지만 우람한 나무 기둥은 꿈쩍도 하지 않는다. 아기코끼리는 발버둥치기를 반복하면서 사슬에서 벗어나는 것이 불가능하다는 사실을 깨닫게 된다.

어느 정도 시간이 지나면 그 코끼리는 다리에 묶인 쇠사슬이 팽팽해지기만 하면 더 이상 멀리 가려 하지 않는다. 이런 과정을 거치면서 코끼리는 이른바 후천적 무력감을 학습하게 되고 결국은 사슬의 길이를 넘어서는 행동을 포기하게 된다. 이렇게 자란 코끼리는 어른이 되어도 도망갈 생각을 하지 않는다. 그래서 다 성장한 코끼리는 쇠사슬이 아니라 가느다란 밧줄로 작은 나뭇가지에 묶어놔도 도망가지 못한다. 어른코끼리가 도망치지 못하는 이유는 밧줄 때문이 아니라 코끼리의 머릿속에 각인된 '도망치려 해봤자 불가능하다'는 과거 경험에 대한 기억 때문이다.

우리가 할 수 없다고 포기했던 많은 일들도 알고 보면 이와 같지 않을까? 어떤 일을 충분히 해낼 수 있는 능력이 생겨도 그것을 할 수 없다고 생각해 미리부터 포기하는 경우들이 많다. 부모나 교사 또는 주변의 다른 사람들로부터 들었던 "넌 해봤자 안 돼." 같은 말에서 벗어나지 못한다거나 과거의 실패에 집착하고 있다면 우리도 결국 코끼리처럼 무력해질 것이다. 우리는 코끼리보다 더 뛰어난 기억력을 가지고 있기 때문에 어쩌면 코끼리보다 더 쉽게 무력감을 학습할지도 모른다.

1%만 바꿔도 인생이 달라진다

코끼리를 묶어놓은 것이 사슬이 아니듯이 과거에 실패한 경험이나 다른 사람들의 평가 자체가 우리 자신을 구속하지는 않는다는 사실을 명심하자.

비판받을 때 흔히 보이는 반응들

살다보면 누구나 예외 없이 가끔은 다른 사람들로부터 비판이나 부정적인 평가를 받게 된다. 그렇지만 그런 비판을 받은 후에 더욱 성장하는 사람이 있는가 하면 쉽게 분노하거나 주눅이 들어 인생을 망치는 사람도 있다.

진정으로 비판받기를 원하는 사람은 없다. 살아있는 부처님처럼 마음이 넓어 보이는 사람도 마찬가지다. 누구나 비판을 받으면 자존심이 상하기 때문이다. 그래서 어떤 사람들은 비판을 받을 만한 일은 아예 시도하지 않으려고 한다. 비판을 효과적으로 처리하지 못했을 때의 가장 큰 문제는 그것이 자신의 삶에 유용한 충고나 정보까지 차단해버린다는 것이다. 그리고 다른 사람의 비판에 흥분하거나 주눅이 들 때, 자신이 더 큰 상처를 입는다는 것이다.

다른 사람의 비판이나 부정적 평가에 대해 효과적으로 대응하고 그것을 자신이 삶에 유용하게 이용하기 위해서는, 먼저 비판받았을 때 사람들이 보이는 전형적인 대응방식을 검토할 필요가 있다.

첫째, 부정적인 평가에 압도되어 패배의식에 사로잡힌다. 이는 자기보다 윗사람에게 부정적인 평가를 받았을 때 주로 나타나는 반응이다. 비판이나 평가의 내용이 얼마나 합리적인지를 검토할 겨를도 없이 그들의 평가가 마치 저승사자의 부름처럼 절대적이라고 생각하기 때문이다.

둘째, 상대방의 말을 중간에서 자르거나 토라져서 자리를 뜬다. 상대방이 지적하는 말에 기분이 나빠진 나머지 이야기가 채 끝나기도 전에 자신의 행동을 정당화하려고 애쓴다. 그것도 여의치 않으면 자리를 박차고 일어난다. 자신의 문제를 인정하고 싶지 않기 때문이다.

셋째, 대꾸를 하지 않고 묵묵부답으로 일관한다. 상대방을 무시하는 가장 수동적이고 가장 교활한 방법 중 하나는 상대방의 반응에 침묵으로 대응하는 것이다. 표면적으로는 반항한다는 어떤 단서도 드러내지 않으면서, 상대방의 의견이 대꾸할 가치도 없다고 무시하고 싶을 때 흔히 보이는 반응이다.

넷째, 상대방의 비판이나 지적에 대해 이죽거린다. 예컨대, 어떤 사람이 "당신의 문제는 너무 자기 자신의 이익만 생각하는 것이다."라고 진지하게 지적할 때, "그래, 나는 세상에서 가장 이기적인 인간이야."라고 과장하면서 이죽거릴 수 있다. 이는 자신의 문제를 거짓으로 과장함으로써 상대방의 조언을 묵살하기 위한 작전일 수 있다.

다섯째, 비판을 받으면 다짜고짜 사과부터 한다. 실제로는 자신의 문제를 전혀 인정하지 않으면서도 비판을 받으면 우선 '미안하다', '잘못됐다'라고 사과부터 하는 사람들이 있다. 미리부터 사과를 하면 상대방의 비난이 줄어든다는 사실을 알기 때문이다. 이처럼 진정으로 사과할 생각이 없으면서도 비난을 모면하기 위해 하는 사과를 심리학에서는 '방어적 사과'라고 한다.

여섯째, 되로 받은 비판은 말로 갚아준다. 비판으로 인해 상한 자존심을 회복하기 위해 상대방에게 더 심한 보복을 가하는 경우가 많다. 또 비판받은 내용과는 상관없는 상대방의 결점을 끄집어내 인신공격을 하기도 한다. 우리가 상대방의 비판에 대해 적대적인 반응을 보이게 되면, 상대방은 자신의 비판이 잘못되었다고 생각하기보다는 오히려 적절했다고 생각하는 경우가 더 많다.

이상의 여섯 가지 반응은 사람들이 비판을 받을 때 일반적으로 보이는 방식들이다. 문제는 이러한 반응 방식이 일시적으로 스트레스를 풀고 비판을 모면하는 데는 도움이 될 수 있을지언정 장기적으로는 자신에게나 상대방 그리고 두 사람의 관계 모두에 아무런 도움이 되지 않는다는 사실이다.

부당한 비판, 이렇게 대처하자

누구나 옳지 못한 비판을 받을 때가 있다. 부당한 비판을 현명하게 처리하는 법을 배우는 것은 상대방보다 자신을 위해 더 중요하다. 부당한 비판에 보다 효과적으로 대처하는 방법은 무엇일까?

● **진지하고 정중하게 대한다** : 이해가 되지 않거나 오해가 있을 수 있는 부분에서는 침묵하지 말고 진지하게 자신의 의견을 제시하자. 상대방의 비판에 트집을 잡기 위해서나 무조건 반박하기 위해서가 아니라는 인상을 주는 것이 중요하다. 그러기 위해서는 정중하게 자신의 생각을 전달할 수 있어야 한다.

● **끝까지 경청한다** : 상대방의 비판에 즉각 대응하지 말고 잠시 시간을 두고 상대방의 이야기를 들어보자. 우리가 후회하게 되는 많은 일들은 자극과 반응 사이에 간격을 두지 못해서 생긴다. 상대방의 눈을 응시하면서 기꺼이 경청할 준비가 되어 있다는 의사를 전달해보자. 그러면 불필요한 비판은 줄어드는 대신 유익한 조언은 늘어날 것이다. 물론 경청을 한다고 해서 상대방이 우리의 말에 반드시 귀를 기울일 것이라는 보장은 없다. 그러나 한 가지 분명한 사실은 상대방의 말을 경청하지 않는 한, 그 또한 절대로 우리의 말에 집중하지 않는다는 것이다.

● **절대적인 가치를 부여하지 않는다** : 어떤 분야의 제아무리 뛰어난 전문가라고 해도 그 사람의 말이 항상 옳은 것은 아니다. 우리가 어떤 사람의 비판에 분노하는 것은 비판하는 사람에게 절대

적인 가치를 부여하기 때문이다. 많은 경우, 비판은 비판하는 사람의 욕구를 나타낼 뿐이다. 우리가 그 비판에 가치를 부여하지 않는한 그것은 우리에게 상처를 줄 수 없다. 나에게 가장 많은 영향을미치는 사람은 나 자신이며 선택권은 항상 내 몫이다.

● **귀담아듣지 말고 곱씹지도 말자** : "그 애가 1993년 5월 6일, 나더러 '그것도 못해?'라고 했던 말을 나는 아직도 기억해." 이처럼 별로 중요하지도 않은 사람들에게 받은 진지하지도 않은 비판을 너무나 진지하게 듣고, 그것을 곱씹으며 소중한 삶을 낭비하는 사람들이 많다. 정말로 어이없고 부당한 비난을 받을 때가 있다. 그럴 때는 귀담아듣지 말고 두고두고 곱씹지도 말자. 부당한비난에 사사건건 흥분하는 것은 우리에게 상처를 주려는 사람이던진 미끼를 덥석덥석 무는 것과 같다. 자신을 향한 비난을 피할수 없는 상황이라면 그냥 담담하게 들어주자. 가끔은 재미 삼아 자신에 대한 비판에 동의해보자.

다른 사람의 비판에 과민반응을 보이며 흥분하게 되면 오히려자신에게 상처를 남기는 경우가 많다. 상대방이 나름대로의 의견을 피력하도록 내버려두면서 사람들은 각기 다른 의견을 갖고 있다는 사실을 담담히 받아들이면 삶은 훨씬 더 부드러워질 것이다.

비판 속에서 해결책을 찾아보자

공개 프로그램이라고는 도저히 믿을 수 없을 정도로 완벽한 성능과 안정성을 자랑하는 멀티 유저, 멀티 테스킹 시스템인 리눅스Linux는 어떻게 만들어졌을까? 핀란드 헬싱키대학교의 대학원생 리누스 토발즈는 유닉스UNIX와 비슷하면서도 더 강력한 운영체제를 만들고자 했다. 그리고 그는 이전의 프로그램 개발자들과는 완전히 다른 방식으로 이 목적을 달성했다.

대부분의 상용 소프트웨어들은 소수의 전문가들에 의해 아주 신중하게 개발되며 거의 완벽하다고 판단될 때까지는 배포되지 않는다. 그러나 리누스는 소스와 함께 프로그램을 완전 공개 방식으로 배포했으며 원하는 사람은 누구나 그 프로그램을 개조할 수 있게 했다. 또한 프로그램을 가능한 한 일찍, 그리고 자주 발표하며 버그(문제점)로 엉망일 때조차도 공개했다. 그러자 유닉스에 능통한 사람들과 해커들이 달려들어 버그를 샅샅이 찾아내고 문제점을 자발적으로 개선해주었다. 덕택에 리눅스는 정말 짧은 시간에 막강한 성능과 안정성을 갖추게 되었다.

그의 이런 대담한 접근은 소프트웨어 개발 분야에서 '리누스의 법칙Linus's Law'으로 통용되며, 간단하게 요약하면 이렇다. "보고 있는 눈이 충분히 많으면 찾지 못할 버그는 없다." 이러한 리누스의 법칙은 다음과 같은 몇 가지를 전제하고 있다. 첫째, 문제는 누군가가 발견한다. 둘째, 누군가는 그 문제를 이해한다. 셋째, 사람이 많으면 위의 두 가지 모두 신속하게 일어난다. 넷째, 모든 문제는 어떤 사람에게는 간단하다.

그는 위와 같은 가정 하에 버그가 있는 프로그램을 자발적으로 공개했다. 그리고 불만을 갖고 있는 사용자와 해커들을 적이 아니라 공동개발자로 받아들였다. 그는 이러한 개방적 접근 방법으로 타의 추종을 불허하는 프로그램을 개발했다. 나는 리누스의 법칙이 프로그램 개발 분야에만 적용된다고 생각하지 않는다. 그것은 삶의 어떤 영역에서든 적용이 가능하다.

완벽한 소프트웨어가 존재할 수 없듯이, 사람이란 누구나 때때로 잘못을 저지른다. 우리가 할 일은 무조건 비판을 방어하는 것이 아니라 그것을 통해 무엇이 잘못되었는지를 파악하고 현재 상태를 더 낫게 개선하는 것이다. 더 넓은 세계를 상대로 승부를 겨루려 한다면 가까이 있는 비판자들의 목소리에 귀 기울일 수 있어야 한다. 자신에게 가해지는 부정적 비판이나 비난을 긍정적인 피드백으로 전환시키려면 다음과 같은 몇 가지를 고려해봐야 한다.

• **변명하지 말고 잠자코 경청한다** : 비판을 받자마자 그것을 반격하는 표정이나 자세를 보이지 말자. 상대방의 말에 주의를 기울이고 경청하고 있음을 보여주는 것만으로도 부적절한 비난은 줄어들고 도움이 될 수 있는 피드백은 늘어난다.

● **비판 속에서 자신의 문제를 찾아낸다** : 설령 다른 사람들의 피드백이 부당하고 잘못된 것처럼 보이는 경우조차도 잘 찾아보면 뭔가 배울 점이 있다. 상대방의 비판 속에서 자신의 문제가 무엇인지를 적극적으로 찾아보자.

● **비판자를 협력자로 만든다** : 불만을 갖고 있는 사용자를 공동 개발자로 생각하면 빠른 속도로 문제를 개선할 수 있듯이 비판자를 협력자로 생각하면 자신이 갖고 있는 문제를 훨씬 더 신속하고 효과적으로 해결할 수 있다. 때때로 적은 친구보다 더 큰 도움이 된다.

● **감정적 대응을 피하고 이성적으로 대처한다** : 상대방의 비판에 감정적으로 반응하지 않으면 그로부터 중요한 피드백을 제공받을 수 있다. 화를 내면서 상대방에게 비판할 기회를 주지 않는 한 다른 사람에게 건전한 피드백을 기대하기는 어렵다.

● **자신의 문제를 솔직하게 털어놓는다** : 상대방이 지적한 문제뿐 아니라 그가 간과한 문제까지 솔직히 털어놓는다면 상대방은 우리에게 친밀감을 느낄 것이다. 또한 우리를 겸손한 사람으로 생각하기 때문에 비난을 거두고 도움을 주려 할 것이다.

● **비판자에게 적극적으로 조언을 구한다** : 사람들은 보통 비판

을 받으면 방어할 방법부터 찾는다. 그러나 비판을 받아들이고 한 걸음 더 나아가 적극적으로 조언을 구해보자. 감정적인 대화를 이성적으로 이끌어나가는 최선의 방법 중 하나는 상대방에게 먼저 조언을 요청하는 것이다. 사람들은 도움이나 조언을 청하면 의외로 좋아한다.

누군가로부터 비판이나 비난을 받을 때 우리가 꼭 기억해야 할 것이 있다. 그것을 단지 저항해야 하는 대상으로 받아들이는 사람에게는 성숙의 기회가 주어지지 않는다는 사실이다.

Think Think **Think** *!*

❖ 최근에 누군가로부터 비난이나 비판을 받았던 일은 무엇인가?

❖ 그때 나는 어떻게 반응했는가?

❖ 그 일을 통해 더 많은 것을 얻으려면 어떻게 해야 했을까?

----

one more

질문에 답할 능력이 없네요

카운슬러이자 베스트셀러 작가인 조지 와인버그가 버트런트 러셀의 강연에 참석했을 때의 일을 그의 책에 소개한 적이 있다. 영국의 논리학자, 철학자, 수학자, 사회사상가이며 노벨 문학상 수상자이기도 한 러셀이 콜럼비아대학교에서 강연을 하게 되었다. 강연이 끝난 후 질문을 받는 시간이 되자 한 학생이 질문을 했다. 러셀은 멍한 상태로 대답을 하지 못하고 몇 분 동안 손을 턱에 괴고 생각에 잠겼다. 그러고 나서 학생이 질문했던 내용을 정리해서 학생에게 되물었다. "이 내용이 질문하고자 하는 내용 맞습니까?" 그 학생은 정중하게 그렇다고 대답했다.

러셀은 다시 생각에 잠겼고 이번에는 더 오랜 시간이 흘렀다. 그리고 나서 당대 최고의 학자 러셀은 그 젊은 학생에게 이렇게 말했다. "정말 좋은 질문이군요. 그런데 저는 그 질문에 답할 능력이 없네요." 그 젊은 학생은 웃으면서 강연장을 걸어나왔으며 강연 후에 영웅이 되었으리라는 것은 말할 것도 없다. 그러나 그가 러셀처럼 행동할 수 있었을까? 우리가 그런 상황에 처했더라면 러셀처럼 행동할 수 있었을까? 모를 때는 진솔하게 '모른다'고 하는 것이 정답이다.

적게 일하고 많이 거둔다

IMF 한파가 몰아치면서 많은 사람들이 몸담고 있던 직장에서 내몰렸다. 물론 지금도 구조조정은 진행되고 있으며, 여전히 많은 사람들이 직장을 잃고 있다.

그 중 상당수의 사람들은 '그토록 열심히 일했는데, 회사가 내게 이럴 수 있단 말인가?' 라며 회사를 원망한다. 눈을 뜨면서부터 잠들 때까지 회사만을 생각하면서 평생을 보낸 사람이라면 더더욱 분노가 치밀 것이다.

성실은 기본, 플러스 알파가 필요하다

곁눈질하지 않고 성실하게 일했다는 것만으로 성과를 내지 못하는 직원을 끝까지 붙잡아두는 회사는 없다. 새벽부터 밤늦게까지 하루 종일 가게 문을 열어놓고 열심히 가게를 지킨다고 해서 손님들이 벌떼같이 몰려오지도 않는다. 적당히 놀아가면서 일해도 부자가 되는 사람이 있는가 하면, 야단법석을 떨면서 뼈빠지게 일하고도 여전히 가난하게 사는 사람들도 있다.

우리는 아주 어렸을 적부터 성공하려면 부지런하고 성실해야 한다고 배워왔다. 하지만 성실하게 오랫동안 일하는 것은 성공하기 위한 필요조건일 뿐이지 충분조건은 아니다. 자나깨나 열심히 일한다면 최소한 밥을 굶지는 않을 것이다. 그러나 새벽부터 밤늦게까지 몸이 부서지게 일한다고 해서 반드시 부자가 되는 것은 아니다.

세상에는 세계 최고의 갑부인 빌 게이츠보다 더 일찍 일어나고 비가 오나 눈이 오나 더 열심히 일하는 사람들도 많다. 그러나 유감스럽게도 그들 대부분은 부자가 아니다. 더 많은 돈을 벌고 싶은가? 그렇다면 '더 많은 시간의 노동'이 해답이 될 것이라는 신념을 당장 버려야 한다.

아직도 '근면! 성실!'이라는 말만을 삶의 좌우명으로 삼고 있다면, 그런데도 원하는 결과를 얻지 못하는 사람이 있다면, 우선 다음과 같은 몇 가지 질문에 대한 답을 찾아봐야 한다.

- 땀을 뻘뻘 흘리면서 시간을 넘겨가면서까지 강의한다고 학생들이 감동할까?
- 밤새워 공부했다는 이유만으로 A학점을 받을 수 있을까?
- 평생 동안 지구 끝까지 시추공을 꽂는다고 석유가 펑펑 쏟아질까?

학생들에게 감동을 주려면 학생들의 머릿속에 잠자고 있는 '물음표?'를 불러내서 '느낌표!'로 바꿀 수 있는 강의가 되어야 한다. A학점을 받으려면 문제의 핵심을 파악해서 공부해야 한다. 유전을 개발하려면 석유가 매장되어 있는 지점에 정확하게 시추공을 꽂아야 한다.

성실성으로 승부를 걸어도 좋은 시대가 있었다. 원시 농경시대처럼 일하는 시간과 성과가 정비례하는 사회에서는 성실성이 가장 중요한 성공요인이었다. 그러나 이제는 오래 일하는 것만으로, 열심히 노력했다는 것만으로 남들보다 더 잘 살 수 있다거나 그래야 세상이 공평하다는 생각은 더 이상 통하지 않는다. 오늘날에는 얼마나 오랫동안 일하느냐, 얼마나 성실하게 일하느냐는 별로 중요하지 않다. 그보다는 얼마나 효율적으로 일하는가가 훨씬 중요해졌다.

그렇다고 해서 성실성이 불필요하다는 말은 아니다. 세상이 감격하고 부자로 만들어주는 사람은 단지 오랫동안 열심히 일만 하는 사람이 아니라는 말이다. 뭔가 이루어내기 위해서는 성실은 기본이고 거기에 플러스 알파+α, 즉 효율적으로 일할 수 있는 능력이 있어야 한다. 효율적으로 일한다는 것은 성실하게 일한다는 것과는 차원이 다르다. 아무리 많은 시간을 투자하고, 아무리 열심히 노력해도 성과가 오르지 않는다면 발상을 송두리째 바꿀 필요가 있다.

왼 다리 가려운데 오른 다리 긁는다

우리 속담에 "헛다리 긁는다", "남의 다리 긁는다"는 말이 있다. 가려운 다리는 놔두고 엉뚱한 다리를 긁는다는 말로, 핵심을 파악하지 못하고 엉뚱한 일에 힘을 쏟는 사람들을 비유할 때 쓰는 말이다. 누구보다 열심히 일했는데도 소기의 성과를 거둘 수 없을 때가 있다. 또 아무리 많은 일을 해도 인정받지 못할 때도 있다. 하는 일에 성과가 없다면 '헛다리'를 긁고 있는 게 틀림없다. 이런 문제를 해결하기 위해서 반드시 거쳐야 할 몇 가지 단계가 있다.

첫째, 먼저 자신에게 문제가 있다는 사실을 받아들여야 한다. 어쩌면 이것은 문제해결에 가장 중요한 핵심사항일지 모른다. 문제가 있다는 사실을 받아들이지 않으면 해결할 필요성도 느끼지 못할 것이고, 노력하지도 않을 것이며, 해결방법을 찾아낼 수도 없기 때문이다. 알코올 중독자들이 치유되지 않는 가장 큰 이유는 자신에게 문제가 있다는 사실을 인정하지 않기 때문이다. 기업의 경우도, 개인사업을 하는 경우도, 대인관계에서도 마찬가지이다. 성과가 오르지 않는다면 해결해야 할 문제가 있다는 사실부터 인정해야 한다.

둘째, 일단 문제가 있다는 사실을 인정한 다음에는 그것이 무엇인지를 정확하게 파악해야 한다. 예컨대, 매일 귀가가 늦다고 아내가 잔소리를 하자 어느 날부터 일찍 귀가하기 시작한 남편이 있다고 치자. 그런데 집에 일찍 들어와도 늦는다는 잔소리만 줄어들었을 뿐 아내의 태도는 별로 변한 게 없다. 그렇다면 그는 문제가 있다는 사실은 인식하면서도, 그것을 정확하게 파악하지 못했다고 할 수 있다. 정말로 풀어야 할 문제는 귀가 시간이 아니라 아내에 대한 태도의 문제, 즉 함께 있을 때 그가 보이는 무관심이나 부족한 애정표현의 문제일지 모른다.

문제를 정확하게 인식하지 않으면 문제가 아닌 것을 푸느라고 많은 시간과 정력을 낭비하게 된다. 나는 모든 노이로제 환자의 공통점이 문제를 정확하게 파악하지 못한 데 있다고 생각한다. 죽도록 일하면서도 평생 가난에서 벗어나지 못하는 사람들도 마찬가지일 것이다. 성공하는 사람들은 해결해야 할 문제가 무엇인지를 알기 위해 오래 생각하는 반면, 실패하는 사람들은 문제를 정확하게 파악하지도 않은 채 무작정 해결하려고 진땀을 뺀다. 문제를 정확하게 파악할 수만 있다면 적은 땀을 흘리면서 훨씬 더 많은 성과를 거둘 수 있다.

셋째, 문제를 정확하게 파악한 다음에는 핵심이 되는 문제를 해결할 수 있는 가장 효과적인 전략을 찾아야 한다. 언젠가 내 자동차 엔진룸에서 귀에 거슬리는 소음이 들려 정비소에 간 적이 있었다. 젊은 정비사는 땀을 뻘뻘 흘리면서 이것저것 뜯어내고 부품을 교체했다. 그러나 소리는 사라지지 않았다. 그제야 좀더 나이 많은 정비사가 나타났다. 그는 시동을 걸고 한동안 엔진룸에 귀를 기울였다. 그리고 나서는 나사 하나를 풀더니 한쪽으로 밀어붙여 힘껏 조여주었다. 그러자 소리는 말끔히 사라졌다. 그 노련한 정비사는 문제가 무엇인지 정확하게 파악했다. 그리고 시간과 경비가 가장 적게 드는 해결방법을 찾아냈다. 인간관계에서도, 비즈니스 세계에서도 잘못된 해결전략을 선택하면 혹독한 대가를 치러야 한다.

핵심에 치중하고, 부수적인 것은 포기하자

여러 가지 일을 하는 사람은 왜 한 가지 일만 하는 사람보다 더 많은 성과를 올릴 수 없을까? 많은 사람들을 알고 지내는 사람이 소수의 친구들만 사귀는 사람보다 더 외롭다고 느끼는 이유는 무엇일까?

그것은 한정된 자원을 부적절하게 배분하고 너무 많은 대상에게 자원을 분산시키기 때문이다. 문제를 효과적으로 해결하려면 무엇보다 자원을 적절하게 배분해야 한다. 우리에게 주어진 시간과 에너지는 언제나 한정되어 있기 때문이다. 나는 그동안의 경험으로 학생들이 똑같은 내용의 공부를 하면서도 시간을 배분하는 데 개인차가 매우 심하다는 사실을 확인했다.

예컨대, 논문을 읽을 때 우수한 학생들은 핵심적인 내용을 파악하는 데 더 많은 시간을 투자한다. 반면, 그렇지 못한 학생들은 핵심을 파악하지 못하고 모든 내용을 거의 동일한 속도로 읽는다. 이런 현상은 자료를 수집하고 정리하며, 발표할 때도 똑같이 나타난다. 우수한 학생들은 핵심적인 내용을 위주로 간단명료하게 발표한다. 반면, 그렇지 못한 학생들은 그다지 중요하지 않은 내용에도 똑같이 시간을 배분하기 때문에 발표 시간을 넘기기 일쑤며 듣는 사람들을 짜증나게 만든다.

문제의 원인을 내부구조에서 찾아야

성과를 올리지 못하는 사람일수록 핑계가 많다. 그들은 대개 자신의 내부에서 문제를 찾기보다는 사돈의 팔촌까지 동원해서 다른 사람들을 탓하거나 세상을 원망한다. 자동차가 시동이 걸리지 않는다고 하자. 그럴 때 사람들이 열쇠를 바꾸러 갈까? 텔레비전이 켜지지 않을 때, 손에 이상이 있기 때문이라고 생각해서 정형외과로 달려 갈까? 시동이 걸리지 않는 것은 자동차 내부에 문제가 있기 때문이고 텔레비전이 켜지지 않는 것 역시 내부에 이상이 있기 때문이다. 보다 효율적으로 일하기를 원한다면 문제의 핵심은 항상 우리의 내부에 있음을 받아들이고 다음과 같은 점들을 명심해야 한다.

● **좋아하거나 잘할 수 있는 일을 하자** : 성과를 높이려면 무엇보다도 자기가 좋아하거나 잘할 수 있는 일을 해야 한다. 모든 창의적인 업적이 놀이처럼 일하는 사람들의 작품이듯, 즐기는 일을 한다면 그것은 더 이상 일이 아니다. 공자는 "네가 좋아하는 직업을 찾아라. 그러면 네 생에서 일하는 날이 없을 것이니라."라고 말했다. 자신이 하는 일을 즐긴다면, 그 일이 스스로에게 영감을 주기 때문에 더 많은 성과를 낼 수 있다.

● **결과를 바꾸려면 과정을 바꾸자** : 우리는 어떤 방법으로 한 가지 문제를 해결하면 완전히 다른 문제에도 똑같은 방법을 적용하는 경향이 있다. 다른 문제에는 다른 해결책을 찾아야 한다. 결과를 바

꾸고 싶다면 해결책을 바꾸어야 하며 같은 과정을 반복해서는 안 된다. 아인슈타인은 이렇게 말했다. "정신병자란 똑같은 방법을 반복하면서 다른 결과가 나오기를 기대하는 사람이다." 성과가 오르지 않는다면 핵심을 제대로 파악하고 해결 과정을 바꿔보자.

● **생산성이 높은 일에만 집중하자** : 여러 가지 일을 평균적으로 잘하기보다는 부가가치가 높은 특정분야에만 치중해야 한다. 가장 성공적인 기업은 주력 분야에만 집중하고 나머지 분야는 아웃소싱을 한다. 성공하려면 경쟁사보다 높은 이익을 낼 수 있는 분야에만 집중 투자해서 회사를 최대한 단순하게 운영해야 한다. 개인의 경우도 마찬가지이다. 성공하려면 최고의 성과를 낼 수 있는 한 가지 일에만 집중해야 한다. 팔방미인이 되려고 하지 말라. "열 가지 재주를 갖고 있는 사람은 한 사람을 건사하기 힘들어도, 한 가지 재주를 갖고 있는 사람은 열 사람을 먹여 살릴 수 있다"는 옛말을 잊지 말자.

● **가능한 한 생활을 단순화하자** : 현명하지 못한 사람들은 주어진 모든 일에 비슷하게 시간을 할당한다. 그래서 생활이 복잡하다. 반면 성공하는 사람들은 주어진 시간을 먼저 고려해서 중요한 수수의 일에만 시간을 할당한다. 때문에 그들의 생활은 단순하다. 성과를 올리기 위해서는 가치가 높은 특정분야에만 시간을 투자

해야 한다. 삶의 질을 높이기 위해서는 우리에게 행복을 가져다주는 소수의 핵심 인물에게 더 많은 정성을 기울여야 한다. 그러기 위해서는 무엇보다 생활을 단순화해야 한다.

Think Think Think !

✤ 나는 성실하게 일하는 편인가? 효율적으로 일하는 편인가?

✤ 노력한 만큼 성과를 거두지 못한다면 그 이유는 무엇인가?

✤ 내가 갖고 있는 핵심적인 문제와 그 해결책은 무엇인가?

---

one more

문제 해결을 위한 IDEAL 단계

문제를 효과적으로 해결하기 위해서는 다음과 같은 다섯 가지 단계를 거쳐야 한다.

- I : Identify The Problem(문제의 인식) : 문제를 해결하기 위해서는 무엇보다 먼저 자신에게 문제가 있다는 사실을 인식해야 한다. 외부에서 문제를 찾으면 해결할 수 없다.

- D : Define the Problem(문제의 규명) : 문제가 있다는 것을 아는 것만으로는 부족하다. 문제의 본질을 정확하게 파악하고 원인을 구체적으로 정의해야 해결책을 찾을 수 있다.

- E : Explore Alternative Solutions(대안적 해결책 탐색) : 가능한 한 다양한 해결 전략들을 찾는다. 해결 전략을 창출할 때는 단기적 손익보다는 장기적 손익을 고려한다.

- A : Act on Your Plan(계획과 실천) : 해결책들 중 최선의 대안을 결정하고, 데드라인이 포함된 계획을 수립하여 즉각 실천에 옮긴다. 자원과 시간을 집중해서 투자한다.

- L : Look at the Effects(결과 검토) : 결과에 대한 타인의 피드백과 해결책들의 결과를 면밀히 검토한다. 해결책과 계획에 문제가 있으면 망설이지 말고 즉시 대안을 찾고 수정한다.

12

하나를 배워 열 가지로 활용한다

환경에 적응한 변종들은 살아남고,
환경에 적응하지 못한 변종들은 도
태된다.

―찰스 다윈

제5공화국 시절인 1985년 9월, 청와대에서 문교부에 지시가 떨어졌다. '취학 전 영재아들을 찾아서 보고하라'는 것이었다. 그래서 전국을 뒤져 IQ검사와 영재성 테스트를 거쳐 세 살에서 여섯 살까지의 아동 총 144명의 영재가 선발되었다. 이들 대부분은 세 살 이전에 한글과 숫자를 깨우치는 등 뛰어난 영재성을 보였다. 생후 9개월 만에 '아가야 놀자'라는 말을 하는가 하면, 돌을 갓 넘겨 한글을 줄줄 읽고, 세 살이 되기 전에 한문과 영어를 중얼거리고, 세 살 때 천자문을 줄줄 읽어 주변사람들을 놀라게 했던 아이들이다. 그런데 그 후 그들은 어떻게 지내고 있을까?

15년이 지난 2001년 한 신문사에서 그들을 추적 조사했다. 자료를 분석한 결과, 144명 중 66명만이 소재가 확인되었다. 또 이들을 대상으로 IQ검사를 실시한 결과, 평균 142가 나왔다. 이는 전국적으로 상위 0.5퍼센트 이내의 수준이다. 조사 결과, 18세에서 21세가 된 영재들 중 상당수는 대학진학마저 힘든 범재凡才로 지내고 있었다. 학교에 적응하지 못하고 자퇴를 결심한 사람, 무직자, 고등학교만 겨우 졸업한 사람에서부터 지방 전문대학에 진학한 사람 등이 다수 포함되어 있었다.

성공과 IQ의 상관관계, 생각처럼 높지 않다

영재들의 삶이 사람들이 기대하는 것처럼 성공적이지 못한 현실은 우리나라만이 아니다. 미국 코넬대학교 심리학과 교수인 루스 더스킨 펠드만 박사는 IQ 160 이상으로 〈퀴즈 키즈Quiz Kids〉라는 방송 프로그램에 출연했던 네 살에서 열여섯 살까지의 영재 수백 명을 대상으로 30~40년 후 그들이 어떻게 생활하고 있는지를 추적 조사했다. 1940년부터 1952년까지 방송에 출연했던 조사 대상 중 IQ 200이 넘는 아동도 4명이나 되었으며, 펠드만 박사도 이 네 명 중 한 명이었다. 그녀는 조사 결과를 정리해서 1982년에 《퀴즈의 아이들은 어떻게 되었을까Whatever Happened to the Quiz

Kids?》라는 제목의 책을 출간했다.

예를 들어, 여섯 살 난 조엘이라는 아이는 아나운서가 "1년은 몇 초죠?"라고 물으면 수초 내에 "31,536,000초."라고 대답했다. 아나운서가 감탄하면서 "정말 대단하군요." 하고 말하자 "잠깐!" 하면서, "윤년의 경우는 31,536,360초가 되죠."라고 묻지도 않은 윤년의 답까지 제시했다. 이렇게 기가 막힐 정도로 뛰어난 영재들은 30~40년이 지난 후에 어떻게 살고 있었을까? 펠드만 박사는 자신의 책에서 이렇게 결론을 내리고 있다. "성인이 된 영재들은 모두 평범한 삶을 살고 있었으며 그들 중 아무도 뛰어나게 성공한 사람이 되지 못했다. 고로 성공과 IQ는 별로 관계가 없다."

이들은 모두 보통사람이라면 엄두도 내기 힘든 수학문제를 척

1%만 바꿔도 인생이 달라진다

척 풀고, 수백 종류의 새 이름을 알아맞히며 성경을 줄줄 외우는 영재들이었다. 그런데도 이들 중 대부분은 예상과는 달리 어른이 되면 범재로 살아가게 된다. 왜 이런 일이 일어날까? 성공이란 IQ만으로는 불가능하기 때문이다.

지능과 지식이 성공으로 전환되려면……

심리학자들의 연구 결과에 따르면, 최고로 성공한 사람들과 IQ와의 관계는 예상보다 미미했다. 헤른스타인이라는 심리학자의 연구 결과에 따르면 IQ와 직업훈련 프로그램의 이수 성적에는 약간의 상관관계가 있었으나, IQ와 직업현장에서의 성취도는 거의 상관이 없는 것으로 밝혀졌다. 이것은 무엇을 의미할까? IQ는 직업교육의 학습정도는 어느 정도 예측할 수는 있지만, 직업현장에서의 성취도는 예측할 수 없다는 말이다. 헤른스타인은 연구를 통해 실생활의 다양한 상황에서 IQ의 설명력은 10퍼센트에도 미치지 못한다고 밝혔다.

학교 다닐 때 누구보다 뛰어났지만 어른이 되어서는 평범하게 살아가는 사람들을 우리는 주변에서 쉽게 만날 수 있다. 그런가하면 학교를 겨우 마치고도 나중에 대단한 일을 해내는 사람들도 가끔 만나게 된다. 그렇다면 대단히 성공한 사람들과 그렇지 못한 사람들 사이에는 IQ 이외의 뭔가 중요한 다른 요인들이 관여한다는 얘기가 성립된다.

"초등학교 시절 IQ검사 결과로 나는 '저능아', '학습부진아'라는 꼬리표를 달게 되었다. 하지만 4학년 때 만난 알렉사 선생님은 IQ 같은 것을 절대 믿지 않았다. 나는 그분의 격려와 도움으로 중학교 때 나중에 커서 심리학을 공부해 지능을 연구하기로 결심했다. 알렉사 선생님이 아니었더라면 나는 예일대학교 심리학과의 연구실을 차지한 교수가 아니라, 그 방을 청소하는 사람이 되었을지도 모른다."

지능 분야에서 세계적으로 가장 명망 있는 로버트 스텐버그 박사의 말이다. 수많은 연구를 통해 그는 기존의 IQ가 성공을 예측할 수 없는 이유를 찾아내고, 성공을 예측할 수 있는 새로운 지능개념을 만들어냈다. 그것이 바로 성공지능지수, 즉 SQ(Success Quotient)이다. SQ에는 세 가지 요인, 즉 분석적 능력, 창조적 능력, 실천적 능력이 포함되며 이 세 가지 요소가 조화롭게 결합할 때 비로소 성공이 가능하다.

성공지능의 3요소

1. 분석적 능력 : '아는 것이 힘' 인가, '식자우환' 인가

분석적 능력에는 기억력이나 지식의 정도, 논리적 사고력과 비판능력 등 기존의 IQ검사에서 측정하고 있는 능력들이 포함된다. 분석적 능력은 지식이 중요한 비중을 차지하는 공학이나 법학, 또는 의학 분야에 매우 결정적인 역할을 한다. 외국어를 유창하게 구사하기 위해서는 많은 단어를 알고 있어야 하듯이 탁월한 성과를 이루기 위해서는 반드시 사실적 지식이 필요하다. 그야말로 '아는 것이 힘' 이다. 그러나 지식이 많다고 해서 모두 성과를 내는 것이 아니다.

영화 〈레인 맨〉의 실제 주인공인 킴 피크는 생후 16개월에 이미 책 한 권을 읽었고, 세 살 때는 아예 사전 한 권을 통째로 외웠다. 또한 그는 두 권의 책을 동시에 읽는가 하면, 책을 거꾸로 들고 읽거나 다른 사람들과 얘기하면서도 책을 독파하는 능력을 갖고 있고 지금까지 7천800여 권의 책을 깡그리 외웠다. 그러나 그는 특별한 신체적 장애가 없음에도 불구하고 지금도 면도나 옷 입기 등을 혼자 힘으로 하지 못한다.

정말로 중요한 것은 얼마나 많은 지식을 가지고 있느냐가 아니라 그 지식을 어떻게 활용하느냐이다. 자칫 잘못하면 '아는 것이 힘이 아니라 병' 이 될 수도 있다. 분석적 지능을 잘못 활용하면 상황을 오히려 그르치는 경우가 많다. 예컨대, 부부간에 논쟁을 할 때 빈틈없이 완벽한 논리와 추론 능력을 동원해 아내를 궁지로 몰아넣고 패배시키는 남편이 있다고 치자. 그는 과연 게임에서 승리하고 있는 것일까? 이런 경우 논리적 명쾌함은 결코 좋은 해결방법이 아니다.

아주 높은 IQ를 갖고 있는 사람들은 종종 그들의 분석능력을 지나치게 믿기 때문에 오히려 실패한다. 지식과 분석능력은 그것을 적용해서 뭔가 성과를 낼 수 있을 때에만 가치가 있다. 성공지능이 높은 사람들은 분석적 지능을 적절하게 활용하는 방법을 알고 있다.

2. 실천적 능력 : 구슬이 서 말이라도 꿰어야 보배

마케팅 전공교수 중에 최고의 마케팅 업적을 남긴 경우는 별로 없다. 경제학 교수라고 해서 떼돈을 번 경우 또한 별로 없다. 이론과 실천이 다르기 때문이다. 실천적 능력이란 일상적인 삶 속에서 그때 그때 상황에 적절하게 지식을 적용해 최선의 실천적인 해결책을 찾아내는 능력을 말한다.

스텐버그 박사는 그의 책 《성공지능》에서 재미있는 일화를 소개하면서 분석지능의 한계와 실천적 지능의 중요성을 설명하고 있다.

아주 다른 성격의 두 소년이 숲 속을 걸어가고 있었다. 첫 번째 소년은 교사와 부모 모두로부터 똑똑하다는 평을 받았으며 학교 성적도 매우 뛰어났다. 두 번째 소년은 똑똑하다는 말을 들어본 적이 없고 성적도 신통하지 못했다. 기껏해야 눈치가 좀 빠르다거나 현실감각이 좋다는 말을 가끔 들을 뿐이다.

두 소년이 숲 속을 걸어가는데 갑자기 거대한 회색곰이 이들을 향해 달려왔다. 첫 번째 소년은 그 곰이 17.3초 만에 정확하게 그들을 따라잡을 것이라는 것을 알고 공포감에 빠졌다. 두 번째 소년은 침착하게 조깅화로 갈아 신고 있었다. 첫 번째 소년이 두 번째 소년에게 말했다. "너 돌았구나. 우리는 절대 저 곰보다 빨리 달릴 수 없어!" 그러자 두 번째 소년이 말했다. "그건 사실일지 몰라. 하지만 난 너보다 빨리 달리기만 하면 돼."

이 이야기의 주인공인 두 소년은 모두 똑똑하다. 그러나 똑똑한 방식은 다르다. 첫 번째 소년은 분석적 지능을 동원해 정확하게 문제를 분석했다. 그러나 두 번째 소년은 상황을 정확하게 파악해 실천적인 해결책을 찾아냈다.

자연에서는 가장 지능이 높다거나 가장 체구가 큰 존재라는 것만으로 생존을 보장받을 수는 없다. 단지 환경에 적절하게 적응할 수 있는 개체만이 생존할 수 있다. 이런 적자생존의 원리는 시장 경제에도 적용된다. 최고의 제품이 언제나 가장 잘 팔리는 것은 아니다. 시장의 요구에 부응할 수 있는 제품만이 경쟁에서 밀리지 않는다.

게임에 참여할 수 있는 자격은 분석적 지능에 이해 결정될지 몰라도 본 게임에 출전해서 이길 수 있는 기회는 항상 실천적 지능을 가진 사람들에게만 주어진다. 세일즈맨이 해야 할 가장 중요한 일은 이론을 익히는 것이 아니라 고객의 욕구에 맞는 다양한 대응책을 만드는 것이다. 실천적 지능은 의과대학 입학에는 별로 영향을 미칠 수 없을지 모른다. 그러나 나중에 병원을 개업했을 때는 성패를 좌우하는 결정적인 요인으로 작용한다.

나는 대학원생을 선발할 때나 어딘가에 추천할 때 그 사람이 현장에서 팀의 일원으로 일을 잘해나갈 수 있을지를 먼저 살핀다. 아무리 성적이 뛰어나도 실천적 능력이 부족한 사람은 그 분야에서 오래 버티지 못하고, 성과를 내지도 못하기 때문이다. 구슬이 서 말이라도 꿰어야 보배가 된다.

3. 창의적 능력 : 대체 불가능한 자원이 돼라

성공하려면 보통사람들과는 다른 방식으로 정보를 수집하고, 다른 방식으로 분석하며, 다른 방식으로 행동해야 한다. 이것이 바로 차별성이며 창의적인 능력이다. 유능한 과학자, 훌륭한 예술가와 발명가, 최고의 부자들은 모두 하나같이 보통사람들과는 다른 시각으로 세상을 본다.

오늘날, 세계는 창조적인 사람들에게 전에 없이 많은 기회를 주고 있다. 성공하려면 스스로를 어느 누구와도 대체하기 힘든 자원으로 가꾸어야 한다. 대체될 수 없는 인적 자원이 된다는 말은 창조적인 개인이 된다는 말이다. 여러분은 다른 사람들과 어떤 점에서 다른가? 그 차이점을 생산성으로 연결시키고 있는가?

한글 자모 24자는 거의 아무런 의미도 담고 있지 않다. 그러나 그것이 일단 단어로 조합되면 사람이 전달하고자 하는 거의 모든 생각을 표현할 수 있다. 그래서 작가들은 한글 자모가 24개에 불과하다고 실망하거나 투덜거리지 않는다. 음악가들 역시 단 7음계만을 사용해서 수많은 명곡들을 작곡했다. 지식이 짧다고 한탄하지 말자. 언제나 중요한 것은 얼마나 많은 지식을 가지고 있는가가 아니라 그것을 어떻게 활용해 무엇을 창조해내는가이다. 하나만 알아도 열 가지를 개발하는 사람이 있는가 하면, 열 가지를 알고도 하나도 제대로 활용하지 못하는 사람이 있다.

성공지능이란 분석적, 실천적, 창의적이라는 세 측면이 균형을 이룰 때 가장 효과적이다. 성공지능이 높은 사람이란 단지 지식이 풍부한 사람을 의미하는 것이 아니다. 그 지식을 상황에 맞게, 창의적으로 사용해서 생산성을 극대화할 수 있는 사람을 말한다.

미국의 문학, 경영 분야뿐 아니라 일반 대중에게도 지대한 영향을 미친 시인이자 목사인 랄프 왈도 에머슨은 오래전에 이렇게 말했다. "누군가가 자기 이웃보다 글재주가 좋거나 낚시를 잘하거나 쥐덫을 잘 놓는다면, 그가 아무리 숲 속에 집을 짓고 살아도 세상 사람들이 그의 집 문을 두드릴 것이다." 이 말은 쥐덫이 별로 필요 없는 이 시대에도 여전히 진리이다.

어떤 분야에서든지 남들이 생각해내지 못한 일을 아주 잘하면 돈과 명예가 저절로 따라온다. 실제로 쥐잡기 하나로 돈과 명예를 손에 쥔 사람이 있다. 10여 년 전 농림부의 한 직원이 양곡 창고에서 쥐가 먹어치우는 양곡의 양에 대한 통계치를 보고 쥐잡기 연구를 시작했다. 아무도 특별한 관심을 갖지 않는 분야에 피땀을 흘려 연구하고 독창적인 방제방법을 개발해 현장에 활용하기를 수없이 반복했다. 결국 그는 현재 여러 나라에 현지회사까지 설립한 국제적인 방제회사의 회장이 되었다. 그가 바로 세스코의 전순표 회장이다.

창의성 계발 훈련 : SCAMPER 테크닉

SCAMPER 테크닉은 창의성 계발 테크닉들 중 가장 널리 알려진 것이다. 이 테크닉은 연구, 제품 개발, 세일즈뿐 아니라 살림을 할 때와 같이 일상생활에서도 유용하게 활용할 수 있다. 여러분이 당면한 문제를 떠올리면서 각각의 질문을 던져보고 새로운 아이디어를 찾아보라.

● S(Substitute : 대체) : 사람, 성분, 과정, 장소 등을 대체하면 어떨까? (예 : 콘크리트 대신 폐타이어로 만든 아스콘 포장)

● C(Combine 결합) : 별개의 사물, 각각의 목적이나 재료들을 어떻게 결합할 수 있을까? (예 : VTR과 DVD의 결합)

● A(Adapt 응용) : 원래의 기능과는 다른 곳에 응용하고 활용할 수는 없을까? (예 : 지문인식장치를 잠금장치에 적용)

● M(Modify, Magnify, Minify 수정, 크게, 작게) : 향기, 색, 맛을 바꾸거나 모양을 크게 하거나 작게 하면 어떨까? (예 : 내시경 카메라, 과일맛 우유)

● P(Put to other uses 다른 용도에 사용) : 다른 용도로 사용할 수 없을까 ? (예 : 폐품으로 예술품을 만드는 백남준의 비디오아트)

● E(Eliminate 제거) : 부품 수를 줄이거나 구성요소 중 어떤 것을 뺀다면? (예 : 지방을 뺀 탈지우유, 무선 無線 키보드)

● R(Reverse 반전) : 거꾸로 하거나 위치를 바꾸고 재정렬하면 어떻게 될까? (예 : 시간 배열을 뒤섞은 영화 메멘토, 박하사탕, 식스 센스 등)

Think Think Think !

✤ IQ는 높지 않지만 성공지능이 뛰어난 사람들은 누가 있을까?

✤ 나만의 대체 불가능한 자원은 무엇일까?

✤ 내가 계발해야 할 성공지능 요인은 무엇이며 어떻게 할 수 있을까?

1%만 바꿔도 인생이 달라진다

성공지능이 높은 사람들의 특성

- 약점을 보완하기보다는 강점을 살리는 데 치중한다.

- 문제를 빨리 인식하고 효과적인 해결책을 찾는다.

- 장기적인 만족을 위해 단기적인 만족감을 지연시킨다.

- 외부적인 보상을 바라기보다는 일 자체를 놀이처럼 즐긴다.

- 상황이나 대상에 따라 태도와 행동을 적절히 조절한다.

- 끝마무리가 깔끔하며 피드백을 통해 많은 것을 배운다.

- 실패를 두려워하지 않으며 책임을 전가하지 않는다.

- 일을 미루지 않으며 과감한 실천력을 갖고 있다.

- 무엇을 배우든지 생산적으로 활용할 방법을 강구한다.

- 고정관념에 얽매이지 않으며 아이디어가 참신하다.

- 호기심이 많고 끊임없이 새로운 것을 배우고 시도한다.

- 분석적, 창조적, 실천적 능력을 조화롭게 활용한다.

3

잃어버린 시간을 찾아서

- 시간창출과 시간관리

Time
Making & Management

패자는 시간에 끌려 다니고
승자는 시간을 관리한다.

패자는 생각이 없이 기계적으로 일하지만
승자는 생각하고 난 다음에 체계적으로 일한다.

패자는 즉각적인 만족을 위해 사소한 것을 먼저 하지만
승자는 장기적인 만족을 위해 중요한 것을 먼저 한다.

패자는 '언젠가 거기'에서 시작하겠다고 계획만 하지만
승자는 '지금 여기'에서 곧바로 실천한다.

패자는 뭔가 할 수 있는 시간에도 아무것도 하지 않지만
승자는 아무것도 할 수 없는 시간에도 뭔가를 한다.

패자는 문제의 변두리에서 맴돌지만
승자는 문제의 핵심으로 뛰어든다.

패자는 게으르지만 항상 분주하고
승자는 부지런하지만 항상 여유가 있다.

13

시간관리 못 하면 인생관리 안 된다

빌 게이츠에게도, 윈스턴 처칠에게도 하루는 24
시간이다. 하지만 이들은 남들보다 시간을 적절히
활용한 덕분에 뛰어난 인물이 될 수 있었다.
—제프 통슨

우리가 지금 느끼고 있는 것이 행복이든 불행이든 그것
은 과거의 산물이다. 만약 '나는 왜 이 모양일까?' 라고 후회한다
면 그것은 후회할 일에 많은 시간을 사용했기 때문이다. 반면에
'아, 행복해!' 라는 느낌을 갖는다면 그것은 행복을 느낄 수 있는
일에 시간을 투자했기 때문이다. 여러분 주변의 누군가가 어떤 사
람인지 알고 싶다면 그 사람이 무엇을 하면서 시간을 보내는지 관
찰해보면 된다. 만약 투덜거리는 일로 대부분의 시간을 보낸다면
그 사람은 '불만이 많은 사람' 이다 또 뭔가 생산적인 일을 하면
서 하루의 대부분을 보낸다면 그는 '생산적인 사람' 이다.

시간이란 무엇인가

문자 그대로 시간時間이란 '때' 와 '때' 사이의 간격이라는 말이며, 이 간격이 어떤 일로 채워진다는 의미가 내포되어 있다. 삶을 효율적으로 관리한다는 것은 곧 시간을 효율적으로 관리한다는 말이다. 시간을 효율적으로 관리하기 위해서는 무엇보다 먼저 시간이 갖고 있는 속성을 알아야 한다.

첫째, 시간은 모든 일에 반드시 필요한 자원이다. 모든 일은 시간 속에서 일어나고 시간을 소모한다. 좋은 일을 할 때도 시간이 필요하고, 나쁜 일을 할 때도 시간이 필요하다.

둘째, 시간은 재생 불가능한 자원이다. 돈이나 음식, 혹은 다른 값진 자원들은 저장해두었다가 나중에 다시 쓸 수 있다. 그러나 시간은 철저하게 소멸되는 것으로, 이 세상의 어떤 사람도 시계를 거꾸로 돌려 과거에 사용하지 않았던 시간을 되찾아서 쓸 수 없다.

셋째, 시간은 대체 불가능한 자원이다. 젓가락이 없을 때는 포크로 대신할 수 있으며 석유 대신에 석탄을 사용할 수 있다. 그러나 시간은 어떤 것으로도 대체할 수 없는 고유한 자원이다.

넷째, 시간은 가장 민주적으로 공평하게 분배된 자원이다. 부자에게든 가난한 사람에게든 하루 24시간이라는 한정된 시간만이 분배된다. 시간은 다른 사람에게 뺏을 수도, 빌릴 수도 없으며 고용할 수도 없고 구매할 수도 없는 한정된 자원이다.

1%만 바꿔도 인생이 달라진다

다섯째, 시간은 철저하게 비탄력적이다. 대부분의 자원은 수요가 증가하면 공급도 늘어난다. 그러나 시간은 아무리 수요가 증가해도 공급이 늘어나지 않는 자원이다.

모든 일에는 시간이 필요하며, 그것은 재생 불가능할 뿐 아니라 대체 불가능하다. 또한 시간은 모든 사람에게 공평하게 분배되는 자원이며 게다가 공짜이다. 어떤 사람들은 이것을 현명하게 사용해서 행복한 삶을 영위한다. 반면 어떤 사람들은 이것을 잘못 사용해서 불행한 삶을 살아간다.

시간을 낭비하게 하는 이유들

미켈란젤로의 조각에 감탄하면서 어떤 사람이 물었다. "보잘것없는 돌로 어떻게 이런 훌륭한 작품을 만들어낼 수 있습니까?" 미켈란젤로는 이렇게 말했다. "그 형상은 처음부터 화강암 속에 있었죠. 나는 단지 불필요한 부분들만 깎아냈을 뿐입니다." 시간관리에도 같은 원리를 적용할 수 있다.

우리가 걱정해야 할 것은 하루가 24시간밖에 안 된다는 것도 아니고, 시간이 항상 부족하다는 것도 아니다. 문제는 시간을 잘못된 방법으로 사용한다는 것과 너무나 많은 시간들을 불필요한 일에 낭비하고 있다는 사실이다. 소중한 일에 쓸 수 있는 시간을 더 많이 만들어낼 수 있는 유일한 방법은 시간낭비를 중단하는 것뿐이다. 이것이 시간관리 전문가로 널리 알려져 있는 제프리 메이어가 주장하는 '빼기에 의한 더하기 원리Plus by Minus Principle'이다.

먼저, 시간을 낭비하는 사람들이 갖고 있는 몇 가지 사고방식과 습관을 살펴보자. 첫째, 시간은 무한하다고 생각한다. 둘째, 자신의 시간사용내역을 정확하게 파악하지 못한다. 셋째, 중요한 일보다 사소한 일을 먼저 한다. 넷째, 자투리 시간을 현명하게 사용하지 못한다. 다섯째, 부당한 요구를 적절하게 거절하지 못한다.

부당한 요구는 단호히 거절하자

주변의 많은 사람들이 우리에게 시간을 요구한다. 다른 사람에게 돈 몇 푼 주는 것은 쉽게 거절하는 사람도 소중한 시간을 강요하는 불필요한 부탁을 거절하지 못하는 경우가 많다.

극작가 줄르 레나드는 "변명은 늘어 놓지 않고 저녁 초대를 거절할 수 있는 사람이 진정 자유로운 사람이다."라고 말했다. 그러나 이처럼 자유로운 사람은 별로 없다. 그것이 누구에게나 쉬운 일이 아니기 때문이다. 진정으로 자신을 시간낭비로부터 보호하고 싶다면, 불필요한 요구에 단호하게 'No'라고 말하는 것이 최선의 방법임을 명심해야 한다.

스미스라는 심리학자는 〈죄의식을 갖지 않고 NO라고 말하기 위한 10계명〉을 다음과 같이 소개하고 있다.

1. 자신의 행동을 주도적으로 판단하고 자신에게 미칠 결과에 책임질 권리가 있다.
2. 타인에게 자신의 행동에 대한 이유를 대거나 변명하지 않을 권리가 있다.
3. 타인의 문제를 해결해줄 책임이 있는지 여부를 판단할 권리가 있다.
4. 필요할 때는 자신의 생각을 언제든지 바꿀 권리가 있다.
5. 실수를 할 수 있으며 그것에 대해 책임질 권리가 있다.
6. 모를 때는 '잘 모르겠다'고 말할 권리가 있다.
7. 타인의 선의에 보답하기 전에 그들의 선의와 상관없이 생각하고 행동할 권리가 있다.
8. 때로는 비논리적인 방식으로 의사결정을 할 권리가 있다.
9. 상대방의 요구가 납득이 안 가면 '이해가 잘 안 된다'고 말할 권리가 있다.
10. 누군가가 원하지 않은 일을 요구할 때는 '관심이 없다'고 말할 권리가 있다.

공간정리의 원리를 시간관리에 적용하자

여행 가방을 꾸릴 때, 옷가지를 잘 접어서 차곡차곡 넣게 되면 허겁지겁 쑤셔 넣을 때보다 훨씬 더 많은 양이 들어간다. 나중에 물건을 찾기도 더 쉽다. 마찬가지로 시간도 조직적으로 사용하면 뒤죽박죽으로 일할 때보다 훨씬 더 많은 성과를 낼 수 있다. 눈에 보이지 않는 시간을 보다 효율적으로 관리하기 위해서는 이를 구체적이고 눈으로 확인할 수 있는 공간개념으로 변환시킬 필요가 있다.

저명한 시간관리 전문가인 줄리 모건스턴은 《능력있는 사람의 시간관리》라는 책에서 엉망진창인 창고와 뒤죽박죽인 일정을 비교하면서 이 두 가지가 얼마나 유사한지를 명쾌하게 보여준다. 엉망진창인 창고와 뒤죽박죽인 일정을 비교해보자.

엉망진창인 창고	뒤죽박죽인 일정
공간은 제한되어 있다.	시간은 한정되어 있다.
한정된 공간에 너무 많은 물건들이 있다.	한정된 시간에 비해 너무 많은 일들로 채워져 있다.
원칙 없이 여기저기 물건을 쌓아둔다.	원칙 없이 남는 시간에 이 일 저 일을 한다.
뭐가, 어디에 있는지 도대체 알 수가 없다.	언제 무슨 일을 해야 할지 모른다.
물건을 정리하는 장소 구실을 제대로 하지 못한다.	시간을 체계적으로 사용하지 못한다.

1%만 바꿔도 인생이 달라진다

창고가 물건을 쌓아둘 수 있는 제한된 공간이라면, 우리의 일정(시간)도 제한된 공간이라고 할 수 있다. 따라서 시간도 공간을 관리하듯 각각의 구역을 나누고 그 구역에 따라 위치를 정해서 체계적으로 정리할 필요가 있다. 한정된 시간에 해야 할 일들은 한정된 공간에 정리해야 할 물건들과 같다. 버릴 것은 버리고 우선순위와 중요성에 따라 공간의 크기나 위치를 할당해야 시간이라는 공간을 최대한 활용할 수 있다.

넓은 방도 비좁게 쓰는 사람이 있는가 하면 좁은 방도 넓게 활용하는 사람이 있다. 마찬가지로 늘 허겁지겁 쫓기듯이 일을 하면서도 해놓은 일이 없는 사람이 있는가 하면 묵묵히 일하면서 여분의 시간을 즐기고도 결과가 좋은 사람들이 있다.

독특한 철학으로 사회변혁을 시도한 사회운동가이면서 극작가로 노벨 문학상을 수상하기도 했던 조지 버나드 쇼는 기상천외한 행동과 발언으로 유명하다. 그는 타고난 익살과 유머감각으로 널리 알려진 명성에 걸맞게 생전에 자신의 묘비명을 이렇게 작성해놓았다. "우물쭈물하다가 내 이럴 줄 알았지I knew If I Stayed Around Long Enough, Something Like This Would Happen."

94세로 세상을 떠날 때까지 대중연설, 집필, 사회운동 등 누구보다 왕성한 활동을 했던 그가 왜 이런 묘비명을 미리부터 작성해놓았을까? 모르긴 해도 그 역시 가치 없는 여러 가지 일에 유혹을 받았을 것이고, 때때로 후회했을 것이다. 그래서 자신을 다잡기 위해 이렇게 기상천외한 묘비명을 생각해낸 것은 아닐까?

Think Think Think !

✛ 자신의 시간관리 습관에 만족하는가?

✛ 내가 시간을 낭비하는 주된 이유는 무엇인가?

✛ 시간관리에 문제가 있다면 어떻게 해결할 것인가?

시간관리 10계명

- 시간사용내역을 구체적으로, 그리고 정확하게 파악한다.

- 즉각적인 만족을 주는 사소한 일보다 중요한 일을 먼저 한다.

- 해야 할 일들은 데드라인을 정해 반드시 기한 내에 마무리짓는다.

- 자투리 시간을 흘려보내지 않고 생산적으로 활용한다.

- 핵심적인 일에 치중하고 나머지 일들은 적임자에게 위임한다.

- 맺고 끊는 것을 명확히 하고, 가능한 한 삶을 단순화한다.

- 완벽하게 준비될 때까지 기다리기보다는 즉시 실천한다.

- 불필요한 요구는 단호하되 지혜롭게 거절한다.

- 포기할 것은 빨리 포기하고, 버릴 것은 그때 그때 버린다.

- 자기만의 안식처를 갖고 휴식시간을 철처히 지킨다.

••• 🦔 14

오늘을 돌아보면 내일이 달라진다

시간은 가장 희소한 자원이다.
따라서 시간을 관리하지 못하는 사람
은 다른 아무것도 관리하지 못한다.
—피터 드러커

"미인과 함께 하는 한 시간은 1분처럼 느껴지지만, 뜨거운 난로 곁에 있는 1분은 한 시간처럼 느껴진다." 상대성 이론을 시간 개념으로 설명하기 위해 아인슈타인이 했던 얘기이다. 물리적인 시간의 단위는 모든 사람에게 동일하지만, 주관적인 시간은 하고 있는 일, 당사자의 기분, 주변 상황에 따라 전혀 다르게 느껴진다.

사람들은 하고 있는 일의 양과 거기에 투입한 시간을 과장하는 경향이 있다. 내 경우도 예외는 아니다. 바로 오늘 아침 "주말, 어떻게 보내셨어요?"라는 동료의 인사에 나는 이렇게 대답했다. "어제는 하루 종일 큰 아이 방 옮기고 집 정리했어요." 그러나 이 원고를 쓰면서 곰곰이 생각해본 결과, 실제로 그 일을 하는 데 사용했던 시간은 기껏해야 두세 시간이라는 사실을 확인했다. 아침에 일어나 산에 갔다 오고, 짬짬이 텔레비전 보고, 먹고, 마시고, 낮잠을 잤다. 그 시간이 집을 정리하는 데 썼던 시간보다 훨씬 더 많았던 것이다.

바쁘다, 바빠! 그러나 하는 일은 별로 없다

별로 생산적이지 않은 일에 소모한 시간에 대해서는 대부분의 사람들이 과소 평가하는 경향이 있다. '바쁘다. 바빠!' 라는 말을 연발하면서도 사람들은 실제로 차 마시고, 신문 보고, 웹 서핑을 하고, 수다를 떨며 많은 시간을 보낸다. 그러면서도 '오늘은 너무 일을 적게 했다' 고 말하는 경우는 드물다. 이런 현상은 최고경영 자들의 경우에도 예외는 아니다.

금세기 최고의 경영 컨설턴트로 알려져 있는 피터 드러커 교수는 경영자들에게 효과적인 시간관리를 가르치기 위해, 시간을 어떻게 사용하고 있었는지를 회상해서 종이에 작성하게 했다. 그런 다음 실제로 시간을 사용하면서 기록한 내용과 이를 비교해본 결과, 일치하는 경우는 거의 없었다고 한다.

한 예로, 어떤 기업의 회장은 하루 일과 중 3분의 1은 회사 간부들과, 3분의 1은 중요한 고객을 만나는 데, 그리고 나머지 3분의 1은 지역사회 활동을 위해 사용한다고 했다. 그러나 6주 동안 그의 활동을 관찰한 비서의 기록에 의하면 그는 많은 시간을 개인적인 일에 사용하고 공장에 독촉 전화를 하는 등, 앞의 세 가지 일에 생각한 만큼 시간을 사용하고 있지 않았다.

그 회장은 비서가 건네준 시간 사용 기록 결과를 믿지 않았다. 그러나 두세 번 정도 더 기록해 확인하고 나서야 비로소 그가 시간을 사용하고 있다고 생각하는 일들은 많은 경우 '시간을 할애해야만 한다'고 믿는 일에 지나지 않았다는 사실을 인정했다.

어떤 일들로 얼마나 많은 시간을 보내는가

가정주부이건, 직장인이건, 학생이건, 아니면 최고경영자건 사람들이 자기가 사용한 시간을 정확하게 파악하지 못하는 이유는 무엇일까? 첫째, 우리의 기억력이 생각처럼 정확하지 못하기 때문이다. 둘째, 사물을 평가할 때 우리는 가능한 한 자신에게 유리한 쪽으로 해석하고자 하는 욕구를 가지고 있기 때문이다. 그래서 '해야 하는 일'에 사용하는 시간은 과장하고, '하지 않아도 되는 일'에 낭비하는 시간은 과소평가하게 된다. 그래야 자신의 행위를 정당화할 수 있고, 자존심을 유지할 수 있기 때문이다.

따라서 시간을 효율적으로 관리하고 싶다면, 무엇보다 먼저 실제로 시간을 어디에 사용하고 있는지를 조목조목 파악해야 한다. 다음에 소개하는 내용은 내 강의를 듣는 학생이 제출한 시간관리 관련 숙제 중 8일간의 생활을 기록한 내용 중 첫날과 마지막 날의 내용을 간략하게 정리한 것이다.

내용	첫날	마지막 날
강의 시간	3시간	3시간
식사, 음료수 마시기와 잡담	1시간 45분	1시간 25분
컴퓨터(인터넷게임, 웹 서핑)	2시간 15분	45분
빨래와 식사준비	1시간 50분	1시간 30분
친구, 선후배와 만남(음주 포함)	2시간	1시간
전화통화, 텔레비전 시청	2시간	1시간
신문, 잡지	1시간 30분	30분
공부(리포트, 예습복습 등)	1시간 20분	6시간 15분
빈둥거리거나 누워 있기	1시간 10분	1시간
통학시간과 기타	1시간 20분	1시간 5분
수면	5시간 50 분	6시간 30분

첫날의 기록 내용 밑에는 다음과 같이 적혀 있었다.

나는 평소에 잠을 적게 자며 이런저런 일로 바쁘게 지내기 때문에 매일 굉장히 부지런하게 생활한다고 생각했다. 하루 일과를 꼼꼼하

게 정리하다보니 너무 많은 시간이 낭비되고 있다는 사실을 알게 되었다. 강의시간 3시간을 빼고 나면 혼자서 공부하는 시간이 1시간 20분밖에 되지 않는다는 사실을 알고 정말 놀랐다.

그런데 8일 동안 시간사용내역을 기록하고 난 다음 그가 표현한 소감 내용 중 일부는 다음과 같다.

내가 시간을 어떻게 보내고 있는지를 관찰하고 기록한다는 것만으로도 이렇게 달라질 수 있다는 사실이 놀랍다. 이렇게 달라질 수 있는 가장 큰 이유는 시작시간을 기록하면서 자신의 행동을 예의 주시해야 하기 때문인 것 같다. 습관적으로 하던 일들에 주의를 기울이

1%만 바꿔도 인생이 달라진다

면 비생산적인 시간은 줄어들고 생산적인 시간은 상대적으로 더 늘어날 수밖에 없는 것 같다.

하루만이라도 시간사용내역서를 작성해보자

상담할 때 내담자의 행동을 변화시키기 위해 해야 할 작업 중 하나는 내담자가 자기 자신을 정확하게 관찰하도록 가르치는 것이다. 내담자가 가지고 있는 문제가 언제, 왜, 어떤 상황에서 얼마나 자주 나타나는지를 정확하게 확인해야 그 문제를 해결할 수 있는 최선의 방법을 찾아낼 수 있기 때문이다.

시간을 낭비하는 습관을 바꾸고자 한다면, 무엇보다 먼저 지금까지의 시간사용내역을 정확하게 파악하고 기록해야 한다. 먼저 며칠 동안의 시간사용내역을 기록해보자. 연필과 수첩을 갖고 다니면서 각각의 활동 내용을 적고 시작되는 시간과 끝나는 시간, 소요 시간을 적어보자. 예를 들면, 수면, 텔레비전 시청, 컴퓨터 사용, 수다 떨기 등 구체적인 내용을 모조리 적자. 그리고 하루가 마무리되면 다음과 같은 양식을 만들어 정리하자.

시간사용내역서를 작성할 때 염두에 두어야 할 몇 가지 일들이 있다. 첫째, 늘리거나 줄이고 싶은 활동 내역들을 파악하라. 둘째, 이러한 활동들의 빈도와 시간을 기록하라. 셋째, 이런 활동들이 나

타나는 환경이나 조건을 찾아보라. 넷째, 유용한 활동들에 사용된
시간과 헛되이 낭비된 시간의 합계를 계산해서 비교하라.

시간사용내역서

활동 내용	시작 시간-끝 시간	소요 시간

유용했던 시간 = (   )시간 (   )분 / 낭비한 시간 = (   )시간 (   )분

Think Think Think!

✛ 내가 사용한 시간을 과대평가했던 일은 무엇인가?

✛ 사용한 시간에 대해 과소평가했던 일은 무엇인가?

✛ 시간사용내역을 정확하게 파악하면 어떤 도움이 되는가?

1%만 바꿔도 인생이 달라진다

시간사용내역서를 통해서 얻을 수 있는 점들

● **유용하게 사용할 수 있는 시간을 늘려준다** : 평소 자신이 유용하게 사용하고 있는 시간을 얼마나 과대평가하는지를 알게 해준다. 이를 통해 시간을 생산적으로 사용할 수 있는 방법을 찾게 된다.

● **낭비되는 시간을 줄여준다** : 낭비되는 시간을 과소평가하고 있다는 사실을 깨닫게 해준다. 그럼으로써 시간낭비 요인을 적극적으로 검토하고, 이를 제거할 대안들을 모색하게 해준다.

● **계획적인 생활을 하게 도와준다** : 지난 일들에 대한 시간사용내역을 점검해보면 시간을 낭비하지 않기 위해 어떤 계획을 세워야 하는지를 찾게 된다. 따라서 보다 계획적인 생활습관이 형성된다.

● **성취감과 자기통제감을 함양시킨다** : 하루를 어떻게 보내는지를 정확하게 파악하고 낭비되는 시간을 줄이며, 생산적인 일에 시간을 많이 투자하게 되면 성취감과 자기통제감이 증가된다.

15

소중한 일을 먼저 한다

성공한 사람들은 실패한 사람들이 하기 싫어하는
일을 한다. 그들도 하기 싫기는 마찬가지이다. 다
만 하기 싫은 마음 보다 목표를 달성하려는 마음이
크기때문에 하는 것이다.

—앨버트 그레이

예빈이는 아침에 집을 나서면서 참고서를 사겠다고 어머니께 1만 원을 받았다. 그런데 친구한테서 예빈이가 너무나 좋아하는 가수의 음반이 새로 나왔다는 소식을 들었다. 어머니에게 받은 1만 원으로 참고서를 살까 음반을 살까 하루 종일 고민하다가 결국 음반을 사고말았다. 이 경우, 예빈이가 가지고 있는 돈은 1만 원이 전부이기 때문에 음반을 사기 위해 참고서는 포기해야 한다.

A를 선택하는 것 = A가 아닌 모든 것을 포기하는 것

우리는 선택의 여지가 없는 것을 흔히 '운명'이라고 부른다. 선택을 한다는 것은 두 가지 이상에서 한 가지를 고를 수 있다는 것을 의미하며, 어떤 것을 선택하는 것은 곧 나머지를 포기한다는 것을 의미한다. 지금 이 순간에도 여러분은 선택의 기로에 놓여 있다. 이 책을 계속 읽을 것인가 아니면 다른 일을 할 것인가? 만약 이 책을 읽기로 했다면 여러분은 이 순간 다른 일을 포기해야만 한다.

우리의 삶은 아침에 일어나서 잠들 때까지, 아니 태어나서 죽을 때까지 끝없는 선택의 연속이다. 그리고 우리의 인생행로는 매 순간 무엇을 선택하느냐에 의해 결정된다. 현명한 선택은 성공적인 삶을 만들고 잘못된 선택은 실패한 삶을 만든다.

그럼에도 대부분의 사람들은 별 생각 없이 하루하루를 대충대충 선택하며 습관적으로 살아간다. 그렇다고 메모를 할 때 연필로 쓸 것인가 볼펜으로 쓸 것인가와 같이 시시콜콜한 일을 선택하는 데 머리를 싸매고 고민하라는 말이 아니다. 그렇게 산다면 우리의 머리는 마비되어버릴지도 모른다. 그러나 어제와 다른 삶을 살고 싶다면 반드시 어제까지와는 다른 방식으로 선택해야 한다.

그렇다면 우리의 선택이 현명한 것인지 아닌지 어떻게 알 수 있을까? 실제로는 다소 복잡한 구석이 있긴 하지만 이론적으로는 매우 간단하다. 우리가 포기한 것보다 더 큰 만족을 얻을 수 있는 일을 선택했다면 현명했다고 말할 수 있다. 인간의 욕망은 무한한 데 비해 욕망충족 수단인 자원은 유한하다. 그 결과, 개인의 소비 생활에서든 국가 경제에서든 필연적으로 선택의 문제가 등장한다. 합리적인 선택과 의사결정을 설명하기 위해 만들어진 경제학 개념이 바로 '기회비용Opportunity Cost'이다.

기회비용이란 두 가지 이상에서 한 가지만을 선택해야 할 경우, 어떤 것을 선택했기 때문에 포기해야 하는 기회가 갖고 있는 이익이나 가치를 말한다. 따라서 선택한 일이 가져다주는 만족감이 기회비용보다 더 크다면 현명한 선택이라고 결론을 내릴 수 있고, 기회비용보다 작다면 현명하지 않은 선택이라 할 수 있다.

한 가지 예로, 시간당 1만 원을 버는 노점상이 그날은 왠지 일을 나가고 싶지 않아서 노래방에 가서 시간당 1만 원을 주고 두 시간 동안 노래를 불렀다고 치자. 노래를 부르는 데 든 비용은 얼마일까? 물론 두 시간을 노래했으니 회계상의 비용은 2만 원이 될 것이다. 그런데 그것뿐일까? 아니다. 기회비용의 개념에서 보면 실제로 노래방 주인에게 지불한 2만 원과 장사를 하지 못해 포기한 수입 2만 원을 더해야만 한다. 따라서 이 경우의 기회비용은 4만 원이 된다.

기회비용이란 개념은 경제에만 적용시킬 수 있는 것이 아니다. 이는 한정된 자원과 관련된 모든 의사결정 과정에 적용시킬 수 있다. 시간도 한정된 자원이기 때문에 주어진 시간에 무엇을 할 것인지를 현명하게 선택하려면 반드시 기회비용을 따져봐야 한다.

시간은 돈이 아니라고?

"시간은 돈"이라는 말이 있다. 그러나 실제로 시간은 돈이 아니다. 시간은 돈으로 살 수도 없을 뿐 아니라, 돈을 받고 팔 수도 없기 때문이다. 그러나 기회비용이라는 개념을 도입하면 "시간은 돈"이라는 논리가 성립된다. 어떤 사람이 일을 하지 않고 날마다 빈둥거린다면 주변사람들은 그에게 "시간이 아깝지 않니?"라고 물을 것이다. 시간은 공짜인데 왜 '아깝다'고 말할까?

빈둥거리는 것을 선택하는 그 순간에 일을 하거나 공부하기를 포기하는 것이기 때문이다. 다시 말하면 빈둥거리는 것을 선택했기 때문에 일을 해서 돈을 벌 기회를 포기한 것이며, 공부를 하지 않아 나중에 더 가치 있는 일을 할 수 있는 기회를 놓쳤기 때문이다. 이처럼 기회비용이라는 개념을 적용하면 "시간은 돈"이라는 말이 성립된다.

모든 의사결정과 선택에는 반드시 기회비용이 수반된다. 학생들이 게임의 유혹에 빠져 공부하기를 포기하는 일, 한순간의 화를 참지 못해 폭력을 행사하는 일, 조금 빨리 가려고 고속도로에서 과속하는 일, 사소한 즐거움을 얻기 위해 목표 달성에 소중한 일을 소홀히 하는 일을 선택했다면 평생 동안 엄청난 기회비용을 부담해야 한다. 현명한 선택이란 의사결정 과정에서 선택한 것의 가치가 포기한 것의 가치보다 클 때, 즉 기회비용이 최소인 쪽을 선택하는 것이다.

선택은 포기를 전제로 하는 것이고, 포기는 잃어버리는 것이 아니라 또 다른 것을 선택하기 위한 대가이다. 가치가 크고 중요한 일을 선택하기 위해서는 반드시 가치가 작은 일을 과감하게 포기하는 법부터 배워야 한다. 골퍼 박세리가 대학을 포기하고 미국에 진출한 것이나 빌 게이츠가 하버드대학교를 그만두고 마이크로소프트 사를 창설한 것은 기회비용을 고려하면 정말 훌륭한 선택이다.

현명한 선택 = 기회비용이 최소인 선택

영어회화 학원에 가려고 하는데 친구가 술을 거하게 한잔 사겠다고 했다. 마침 출출하던 차에 공짜로 술을 마실 수 있으니까 수지맞는 일이라고 생각해 학원을 빠지고 네 시간 동안 진탕 술을 마셨다. 그러나 이런 유혹에 습관적으로 휘둘린다면 정말 수지맞는 일을 하고 있는 것일까? 기회비용이라는 측면에서 보면 결코 득이 되는 장사가 아니다.

먼저, 공짜로 술을 얻어 마시는 것을 선택함으로써 얻을 수 있는 가치를 따져보자. 첫째, 술에 취해 있는 동안 스트레스가 풀리고 기분이 좋다. 둘째, 게다가 돈도 들지 않는다. 즉, 거기에 비용이 들지 않는다. 셋째, 그 친구와 좀더 가까워질 수 있다.

이번에는 기회비용을 찾아보자. 첫째, 한 시간 동안 학원을 빠졌기 때문에 그만큼 공부를 하지 못했다. 둘째, 나머지 세 시간 동안 운동이나 독서할 수 있는 시간을 놓쳤다. 셋째, 너무 많이 마셔서 다음날 아침 강의를 빠지게 되었다. 넷째, 술이 깨지 않아 하루 종일 몽롱한 상태로 공부를 할 수가 없다. 다섯째, 간에 부담을 주고 건강을 해친다. 이 경우, 음주를 선택하지 않았더라면 할 수 있는 여러 가지 일을 하지 못하고 몸을 해치는 등 많은 기회비용을 부담하게 된다.

긴급성과 중요성을 혼동하지 말라

우리는 매일 많은 일들을 해야 한다. 중요한 일도 있고 중요하지 않은 일도 있다. 또 급한 일도 있고 급하지 않은 일도 있다. 어떤 일들은 급하면서 중요하기도 하다. 반면, 어떤 일은 급하지 않으면서 중요하지도 않다. 우리가 현명하게 시간을 관리하려면 그 일의 중요도를 무엇보다 먼저 고려해야 한다. 그 다음에 일의 긴급성을 판단해서 행동을 결정해야 한다. 그런데 의외로 많은 사람들이 중요성과 긴급성을 혼동하면서 살고 있다.

예컨대, 버스 기사들이 운행시간에 맞추기 위해 과속을 하는 것은 그 일이 긴급하다고 생각하기 때문이다. 그러나 도착지까지 안전하게 운전을 하는 것은 운전자 자신과 승객 모두에게 매우 중요한 일이다. 동료들보다 먼저 승진을 하기 위해 쉬지 않고 뼈빠지게 일을 하는 것은 긴급한 일이다. 그러나 규칙적으로 운동하고, 틈틈이 충분히 휴식을 취하는 것은 긴급하지는 않지만 매우 중요한 일이다. 맛있는 음식을 많이 먹고 싶은 충동은 긴급하다. 그러나 야채를 골고루 먹는 것은 긴급하지는 않지만 몸매관리와 건강에 매우 중요하다.

노후대책을 세우기 위해 저축하고 보험에 가입하는 일은 긴급한 일은 아니지만 매우 중요한 일이다. 인터넷 서핑, 텔레비전 시청, 전화통화 등은 긴급해 보이지만 중요하지 않은 일들이다. 긴급한 일 때문에 중요한 일을 미뤄두면 그 일들은 시간이 갈수록 더욱 해결하기 어려워진다. 긴급성에 굴복해서 중요성을 무시하는 일은 가난과 불행으로 가는 지름길을 선택하는 것과 같다. 인생이란 당장 즐거움을 주는 긴급한 일과 장기적인 보상을 주는 중요한 일 중에서 한 가지를 선택해야 하는 일종의 거래이다.

소중한 일부터 먼저 하라

시간이 무한하다면 당장 우리에게 즐거움을 줄 수 있는 일을 실컷 하면서 목표 달성에 소중한 일도 할 수 있을 것이다. 그러나 시간은 한정된 자원이며 언제나 필요한 양보다 적게 공급되는, 철저하게 비탄력적인 자원이다. 실패하는 사람과 성공하는 사람을 가장 확실하게 구분해주는 경계선은 어떤 일을 먼저 선택하는가이다.

유감스럽게도 정말 많은 사람들이 자기에게 중요한 일에 시간을 투자하기보다는 시시한 텔레비전 프로그램을 시청하거나 중요하지도 않은 주변사람들에 대한 이야기를 하는 데 더 많은 시간을 쓴다. 실패하는 사람들은 목표와 무관한 일, 장기적으로 도움이 되기보다는 순간적인 즐거움을 주는 일, 어려운 일보다는 쉽게 할 수 있는 일을 먼저 선택한다.

그들은 단기적으로 고통을 피하고 즐거움을 얻으려 하기 때문에 장기적으로는 더 혹독한 대가를 치른다. 그러나 성공적인 삶을 사는 사람들은 목표 달성에 중요한 일, 재미가 없더라도 필요한 일, 남들이 포기했던 어려운 일을 우선적으로 선택한다.

성공하는 사람들의 성격 특성을 분석한 앨버트 그레이는 성공하는 사람들의 가장 두드러진 특징 중 하나는 '중요한 일을 먼저 하는 것' 이라고 말했다. 인생의 주인이 되고 싶다면, 순간적인 재미로 우리를 유혹하는 중요하지 않은 일들을 과감하게 물리칠 수 있어야 한다. 대신 소중한 일을 먼저 선택해야 한다.

당장의 즐거움보다 장기적인 만족을 위해 소중한 일부터 먼저 하겠다는 결단은 살면서 내려야 하는 그 어떤 결단보다 중요하다. 소중한 일을 먼저 하기 위해서는 다음과 같은 몇 가지 점을 고려해야 한다.

● **인생의 분명한 목표를 정하라** : 중요한 일을 먼저 하려면 무엇보다 인생의 목표가 분명해야 한다. 왜냐하면 무엇이 중요한가는 목표가 무엇인지에 따라 달라지기 때문이다. 부자가 되고 싶은가? 그것이 목표라면 돈을 벌 수 있는 효과적인 방법들을 배우는 것이 무엇보다 중요한 일이 된다. 그러나 가난하게 사는 것이 목표라면 지금 당장 해야 할 가장 중요한 일은 열심히 노는 것이 된다.

• **해야 할 일의 우선순위를 정하라** : 우리가 매일 하는 대부분의 일들은 부분적으로는 모두 중요하다. 문제는 우리에게 주어진 시간이 하루 24시간으로 한정되어 있어 원하는 일을 모두 할 수 없다는 것이다. 할 수 있는 일들에 비해 쓸 수 있는 시간은 언제나 부족하다. 따라서 어떤 일을 가장 중요하게 다룰 것인지, 무엇을 가장 먼저 할 것인지 일의 우선순위를 결정해야 한다.

• **미래의 관점에서 판단하라** : 시인 로버트 프루스트는 이렇게 말했다. "어떤 사람들은 사물을 있는 그대로 바라보면서 그것들이 왜 존재하느냐고 묻는다. 하지만 나는 지금까지 존재하지 않았던 사물들을 꿈꾸면서 그것들이 왜 존재하지 않느냐고 묻는다." 야후의 제리 양이 미래의 관점에서 바라보지 못했다면 세계 최고의 인터넷 벤처기업은 탄생하지 못했을 것이다.

• **선택과 포기를 명확히 하라** : 우리는 날마다 수많은 일들을 선택하며 살아간다. 일찍 일어날 것인가 늦게 일어날 것인가? 술을 마실 것인가 책을 읽을 것인가? 늘 하던 방식대로 할 것인가 새로운 아이디어를 찾아낼 것인가? 자기의 목표를 위해 소중한 일을 선택했다면, 그 순간 선택하지 못한 다른 일들은 과감하게 미련을 버려야 한다. 선택과 포기를 분명히 하는 것은 성공하는 사람들이 주된 특징이다.

● **해야 할 일들의 목록을 작성하라** : 중요성에 따라 일의 우선순위를 정하는 것보다 더 중요한 것은 그 일을 집중적으로 실천하는 것이다. 날마다 우리의 관심을 끄는 수많은 일들과 문제들이 발생하며 이것들은 중요한 일들을 방해한다. 이러한 유혹들을 과감하게 떨쳐버리기 위해서는 그날 반드시 해야 할 일의 목록To Do List을 작성하고, 무슨 일이 있어도 실천해야 한다. 처음에는 쉽게 실천할 수 있는 두세 가지의 일들만 적어라. 그리고 점차 그 양을 늘려나가라.

Think Think Think !

✢오늘 한 일 중 가치가 없는 일로, 앞으로 제거해야 할 일은?

✢긴급한 일을 중요한 일로 혼동해서 해왔던 일들은 무엇인가?

✢장기적 만족을 위해 오늘이라도 당장 실행해야 할 중요한 일은?

1%만 바꿔도 인생이 달라진다

one more

나쁜 습관을 고칠 수 있는 두 가지 질문

나쁜 습관을 버리지 못하는 이유 중 하나는 별 생각 없이 무심코mindless 그 행동을 하기 때문이다. 습관을 바꾸려면 반드시 거쳐야 할 과정이 있다. 그것은 우리의 사고를 주의 깊게, 즉 유심히mindful 관찰하는 것이다.

이것은 아주 단순한 두 가지의 질문으로 가능하다. 예를 들어, 습관적으로 텔레비전을 켠다면, 다음과 같은 두 가지 질문을 스스로에게 하고 답을 찾으면 된다.

- 내가 왜 텔레비전을 켜고 있지?
- 대신 내가 할 수 있는 다른 일은 무엇일까?

뭔가를 하려고 마음먹을 때마다, 자신에게 위의 두 가지 질문을 하게 되면 다음과 같은 몇 가지 변화가 일어난다. 첫째, 삶에는 다양한 대안들이 있으며, 우리 스스로가 매 순간 그 중 하나를 선택한다는 사실을 깨닫게 될 것이다. 둘째, 통제감을 갖게 될 것이고, 삶이란 우연히 일어나는 것이 아니라 스스로가 선택한 결과라는 사실을 깨닫게 될 것이다. 셋째, 사소하고 단순한 일에 대한 의사결정을 연습함으로써 중요한 일을 효과적으로 결정하는 능력을 터득하게 된다. 넷째, 자신의 사고를 분석함으로써 자신을 더 잘 이해할 것이고, 그 결과 사고와 행동, 그리고 자신을 더 잘 통제하게 될 것이다.

16

'지금, 여기서' 바로 시작한다

"해보겠다고? 해보겠다는 건 없어. 하는 것과 하지 않는 것만 있을 뿐이야."
— 영화 〈스타워즈: 제국의 역습〉 중
제다이의 전사 요다

'지금 꼭 해야 해?', '이따가 할래', '내일부터 할 거야', '다음에 하지 뭐', '아직 시간은 많아', '언젠가 할 거야', '닥치면 다 하게 되어 있어', '서두르지 마!', '시간은 많아, 나중에 해도 돼'

"나는 왜 항상 이 모양일까?"라고 탄식하는 사람들이 갖고 있는 공통적인 습관이 있다. 그것은 위에서 소개한 내면적 언어를 습관적으로 동원하면서 오늘 해야 할 중요한 일을 내일로 미루는 것이다. 중요한 일을 나중에 하기로 하고, 자기가 정말로 하고 싶은 일을 다음으로 미루는 사람들은 반드시 훗날 대가를 치르게 된다. 그럼에도 불구하고 우리는 온갖 핑곗거리를 들이대며 소중한 일들을 내일로 미룬다.

핑계 없는 무덤 없다

"핑계 없는 무덤 없다"는 속담은 무슨 일이든지 반드시 나름대로의 이유가 있다는 말이다. 우리가 하는 모든 행동에는 반드시 존재의 이유가 있으며, 미루는 습관 역시 이유가 있다. 미루는 습관을 고치려면 먼저 중요한 일을 뒤로 미루는 이유부터 알아야 한다.

첫째, 무엇보다 분명한 이유는 그 일이 즐겁지 않기 때문이다. 즐겁지 않은 일을 뒤로 미루고 싶은 것은 인간의 보편적인 특성이며, 나도 예외는 아니다. 문제는 중요한 일들을 재미가 없다는 이유로 미루게 되면 언젠가는 정말 하고 싶은 일, 재미있는 일들도 할 수 없게 된다는 사실이다.

둘째, 너무 많은 일에 관심을 기울여 쉽게 주의가 분산되기 때문이다. 어떤 사람들은 주변에서 일어나는 자극들을 주체할 수 없어 한 가지 일에 집중하지 못한다. 중요한 일을 하다가도 다른 중요한 일들을 찾아다니며, 주변에서 일어나는 시시콜콜한 일에서부터 연예계나 정치계까지 온갖 일에 관심을 보이는 게 이들의 특징이다. 그들에게는 모든 일이 중요하다. 그래서 정작 중요한 일은 항상 뒷전으로 밀리게 마련이다.

셋째, 무슨 일을 하려면 완벽하게 준비가 되어 있어야 한다고 생각하기 때문이다. 내가 지도하는 학생들 중에는 비교적 능력이 뛰어나지만 기한 내에 보고서를 제출하지 못하는 학생들이 있다. 자료를 더 많이 수집하고, 더 많이 읽고, 더 좋은 아이디어를 만들어내는 등 완벽하게 준비가 되어 있어야만 보고서를 쓰기 시작할 수 있다는 생각에서 벗어나지 못하기 때문이다. 문제는 이상적인 상황, 완벽한 조건을 준비하는 동안 제출기한이 지나버릴 수 있다는 사실이다.

넷째, 실패에 대한 두려움을 갖고 있기 때문이다. 예컨대, 마음에 드는 이성을 오랫동안 흠모하면서도 데이트 신청을 하지 못하고 미루는 사람들이 많다. 거절당하는 것을 두려워하기 때문이다. 이들은 아무리 중요한 일이라도 실패할 가능성이 있는 일은 뒤로 미룬다. 작게 '잃는 것'을 두려워해서 뒤로 미루면 종국에는 더 큰 것을 잃게 된다.

미루는 습관에서 벗어나려면……

하고 싶은 일은 아무리 바빠도 하고야 말지만, 하기 싫은 일들은 무슨 수를 써서라도 뒤로 미루고 피해보려는 게 인간의 보편적인 심리이다. 심리학자 로버트 스텐버그의 조사 결과에 따르면 하위직 관리자들과 성공한 고위직 임원들 간의 중요한 차이점 중 하나는 미루기 전략의 사용 정도였다.

하위직의 경우, 다양한 전략을 사용해 일을 미루는 습관을 갖고 있었다. 반면, 성공한 고위직 임원들은 중요한 일을 미루지 못하게 하는 전략들을 다양하게 구사하고 있었다. 중요한 일을 훗날로 미루지 않으려면 어떻게 해야 하는지 검토해보자.

첫째, 하기 싫은 일을 먼저 해야 한다. 미루기 습관에서 탈출하는 가장 좋은 방법은 하기 싫은 일을 먼저 해치우는 것이다. "매도 먼저 맞는 편이 낫다"는 속담이 있다. 하기 싫지만 그것이 중요한 일이라면 그것부터 하라. 그러면 하고 싶은 일을 했을 때보다 큰 만족감을 느낄 것이다. 하기 싫은 일을 할 때는 그것이 끝났을 때 성취감이나 만족감을 만끽하고 있는 자신의 모습을 생생하게 그려보라. 그러면 어려운 일들도 보다 쉽게 할 수 있을 것이다.

둘째, 일정기간 한 가지 일에만 집중해야 한다. 중요한 일을 피하기 위해 사람들이 흔히 쓰는 전략 중 하나는 주변에서 일어나는 이런저런 일들에 관여하는 것이다. 어떤 사람들은 일을 하다가도 메일을 체크하고, 신문을 뒤적이고, 이 부서 저 부서를 배회한다. 쓸데없이 다른 사람의 일에 참견하고, 상대방이 도움을 청하지 않아도 자신의 일은 뒷전이고 다른 사람들을 돕는 데 너무 많은 신경을 쓰는 사람들도 있다. 시계를 옆에 두고 시간을 정해 한 가지 일에만 집중해보라. 물을 마시거나 전화를 받는 것조차도 중단해보라. 그러면 놀라운 효율성을 경험하게 될 것이다.

셋째, 완벽한 상황을 기다리지 말고 일단 시작해야 한다. 언젠가 나는 우울증 때문에 찾아온 이과계 대학교수 한 명을 상담한 적이 있다. 그는 지금까지도 버리지 못하는 꿈이 소설가가 되는 것인데, 지금과 같은 상황에서는 소설을 쓰기가 힘들다고 투덜거렸다. 나는 그에게 "지금 당장 명작을 쓸 수는 없을지 몰라도 창작 공부를 하거나 습작할 시간은 낼 수 있지 않습니까?"라고 되물었다.

누구나 특별히 중요한 일이라고 생각하면 대충 하고 싶지 않은 것은 당연하다. 그러나 '언젠가 완벽하게 준비가 되면……' 하고 미룬다면 우리는 대부분 시작하지도 못한 채 눈을 감게 될 것이다. "갓 쓰다 장 파한다"는 속담을 잊지 말자.

넷째, 실수를 받아들이고 그것을 통해 배워야 한다. 우리는 아주 오랫동안 '실수하지 말라'고 교육을 받아왔다. 덕택에 많은 사람들이 진정으로 원하는 목표를 두고도 실패에 대한 두려움 때문에 그 일을 뒤로 미룬다. 우리 모두는 가끔씩 이런저런 일로 실패하며, 그것이 자연스러운 인생이다. 실패란 누구에게나 가슴 아픈 일이지만 무언가를 배우게 해주는 것 역시 실패이다. 실패와 성공은 반대말이라고 생각하지만 모두 '시도'라는 같은 과정에서 나온다. 중요한 일을 미루지 않으려면 먼저 실패할 가능성을 받아들여라. 그리고 실패를 통해서 무언가를 배울 수 있다는 사실을 명심하라.

궤도이탈을 방지하려면 데드라인을 정하라

학생들은 보고서를 언제 쓰기 시작할까? 교수들은 연구비 지원을 받은 논문을 언제 제출할까? 주민들은 아파트 관리비를 언제 내게 될까? 대선 후보들은 언제부터 득표 작전에 돌입할까? 우리의 많은 행동은 마감기한이 임박해지면 개시된다. 이와 같은 사실은 일의 내용과 상관없이 공통적으로 관찰되는 현상이다.

편의점을 운영하는 당신에게 누군가 찾아와서 "이 가게에 권총강도가 침입한다면 어떻게 하시겠습니까?"라고 묻는다면 당신은 어떤 반응을 보일까? 아마도 눈을 이리저리 굴리면서 "글쎄요. 잠깐 생각해볼 시간을 좀⋯⋯." 하고 말꼬리를 흐릴지 모른다. 그러나 진짜 강도가 든 상황이라면? 모르긴 해도 비상벨을 누르든지, 손을 번쩍 들고 책상에 엎드리든지, 뭔가 즉각 행동을 취할 것이다.

마감시간이란 진짜 권총강도가 들었을 때처럼 우리가 즉각 행동하게끔 동기를 부여한다 재촉하지 않아도 주도적으로 일을 처리하며, 항상 여유를 갖고 차분히 일하지만 결과가 좋은 사람들이 있다. 그들은 다른 사람으로부터 주어진 데드라인이 아니라 스스로 정한 데드라인을 갖고 있다.

크고 작은 일에 마감기한을 설정하면, 제시간에 끝내기 위해 두뇌는 긴장하기 시작한다. 그리고 에너지를 집중시키며 관련된 수많은 정보들을 통합하는 태세에 돌입한다. 따라서 궤도이탈을 방지하려면 무슨 일이든지 반드시 데드라인을 정해야 한다. 광고음악을 작곡하는 스티브 카르멘은 다음과 같이 말했다. "사람을 가장 고무시키는 것은 데드라인이다."

최종 마감시간이 되어 심한 압박감을 느낄 때 사용할 수 있는 한 가지 훌륭한 전략은 중간 데드라인을 정하는 것이다. 데드라인의 긍정적인 면에 중점을 두고 그것과 관련된 부정적인 스트레스를 제거하는 방법은 중간 데드라인을 많이 설정하는 것이다.

중간 데드라인을 설정하는 방법은 최종 마감기한에서부터 거슬러 올라오면서 몇 개의 데드라인을 설정하는 것이다. 예를 들어 서울역에서 12시 기차를 타야 한다고 가정해보자. "11시 40분까지는 도착해야 돼. 그러려면 집에서 10시 30분에는 출발해야겠지. 짐은 10시까지 꾸려야지." 이처럼 시간을 뒤에서부터 계산해 중간 데드라인을 설정하는 연습을 하다보면, 수많은 활동에 그것이 적용될 수 있음을 깨닫게 될 것이다. 그렇게 되면 스트레스도 적게 받고, 원하는 시간에 훨씬 쉽게 일을 끝낼 수 있다.

자기보상과 자기처벌 규칙을 사용하라

그것은 원하는 바를 달성했을 때 스스로에게 보상하거나, 그렇지 못했을 때 스스로를 처벌하는 것은 변화를 위해 인간만이 사용할 수 있는 방법이다. 자신을 변화시킬 수 있는 가장 강력한 방법 중 하나는 '자기보상Self-Reward' 이다. 사고 싶은 물건이나 하고 싶어 안달이 난 일을 잠시 접어두었다가 중요한 일을 미루지 않고 처리했을 때 하라. 그러면 미루는 습관에서 보다 효과적으로 벗어날 수 있다. 내가 가르치는 한 학생은 여자친구와 데이트 약속을 할 때 각자가 해야 할 일을 먼저 정한다고 했다. 그리고 그 일을 끝내지 않은 상태에서는 만나지 않기로 합의하니까 각자의 일도 열심히 할 뿐 아니라 데이트가 훨씬 더 즐거워졌다고 말했다. 정말 귀엽고 재치 있는 커플이다.

행동을 변화시킬 수 있는 또 다른 방법은 '자기처벌Self-Punishment' 이다. 계획한 일을 마감기한 내에 끝내지 못하면 자신이 평소에 즐기는 일을 하지 않거나 싫어하는 어떤 일을 하는 것이다. 예를 들면, 텔레비전 시청이 취미라면 일정기간 텔레비전 시청을 금하고, 청소하는 것을 싫어한다면 온 집안을 구석구석 대청소한다.

Think Think Think !

❖ 해야 할 일 중 내가 계속 미루고 있었던 일은 무엇인가?

❖ 그 일을 계속 미루게 된 가장 중요한 이유는 뭘까?

❖ 미루는 습관을 고치기 위해 내가 할 수 있는 일은 무엇인가?

1%만 바꿔도 인생이 달라진다

one more

데드라인 : 파킨슨의 법칙

학생들에게 리포트를 내주면서 일주일 내에 제출하게 하든 두 달 후에 제출하게 하든 리포트를 제출하지 않는 학생 수와 제출기한을 넘기는 수는 비슷하다. 리포트의 질도 거의 차이가 없다. 왜 이런 일이 벌어질까?

만약 당신에게 편지를 쓸 시간이 하루 있다면 하루가 다 걸릴 것이다. 예컨대, 편지 쓸 사람을 생각하는 데 한 시간, 어떤 편지지에 어떤 내용을 쓸 것인지 생각하는 데 한 시간, 볼펜과 종이를 찾는 데 30분, 쓰다가 커피 마시고 담배 피우고, 전화 받는 데 한 시간 30분, 고쳐 쓰는 데 한 시간, 봉투 사러 가는 데 한 시간, 편지를 부치러 갈 때 이 옷 저 옷을 입어보느라 한 시간이 걸릴 수도 있다. 그러면 편지 한 통 쓰느라고 하루 종일 고생했다고 불평하면서 결국 녹초가 되어버릴지도 모른다.

그러나 반드시 30분 내에 편지를 부쳐야 할 일이 생기면 당신은 분명 시간 내에 그 일을 마칠 수 있을 것이다. 시간이 많다고 해서 좋은 성과를 내는 것이 아니라, 바쁠수록 효율적으로 일하는 것이 인간의 본성이다. 다시 말하면, 주어진 시간이 많으면 쓸데없이 일들이 부풀려진다는 것이다. 이 현상은 영국의 역사가이며 사회경제학자인 노스코트 파킨슨이 최초로 밝혔기 때문에 '파킨슨의 법칙'이라 한다.

그러니 계획을 세울 때는 데드라인을 너무 짧게 잡아도 안 되고 너무 길게 잡아도 안 된다. 약간 타이트하게 마감기한을 정하라.

17

자투리 시간을 챙겨 여유를 즐긴다

많은 시간을 소비하면서 인생을 어
떻게 보낼 것인가를 한가하게 생각
할 만큼 인생은 그리 길지 않다.
—새뮤얼 존슨

'자투리' 란 말은 팔거나 쓰다가 남은 천 조각을 말한다. 이것은 뭔가를 만들기에는 적당하지 않은 작은 조각들이기 때문에 대부분 버려진다. 시간의 경우도 마찬가지인데, 이런저런 중요한 일들 사이사이에 끼어 있어서 대부분 버려지는 시간을 자투리 시간이라고 한다.

자투리 천은 버려도 되지만 자투리 시간을 버려서는 안 된다. 왜냐하면 시간은 다른 자원과 달리 모든 사람에게 하루 24시간씩만 공급되는 철저하게 비탄력적인 자원이기 때문이다. 우리에게 주어진 시간을 늘리는 최선의 방법은 흘려보내는 자투리 시간을 붙잡아 그것을 생산적으로 사용하는 것이다.

　"바쁘다, 바빠!"라는 말을 연발하면서도 하루를 정산해보면 해 놓은 게 별로 없다는 생각이 들지 않는가? 만약 그렇다면 자투리 시간을 어떻게 처리하는지를 먼저 확인해봐야 한다. 내가 안타깝게 생각하는 것은, 의외로 많은 사람들이 자투리 시간을 효과적으로 활용하기는커녕 그것에 대해 생각조차 하지 않는다는 것이다.

우등생과 열등생의 차이 – 자투리 시간의 활용 정도

　오래전, 서울대학교에서 카운슬러로 일할 때 성적이 우수한 학생들과 학사징계를 받았던 학생들의 생활태도를 분석한 적이 있다. 두 집단 간에는 여러 면에서 차이가 있었다. 그 가운데 하나는 강의와 강의 사이의 공강 시간이나 통학 시간을 활용하는 방식이었다.

　우등생들은 대부분 공강 시간을 이전에 배웠던 것을 복습하거나 강의실에 일찍 들어와 배울 내용을 대충이라도 훑어보는 데 사용했다. 또한 버스나 지하철에서, 또는 걸어 다닐 때, 식당에서 줄을 서서 기다릴 때도 의미 없이 보내기보다는 공부했던 내용을 머릿속으로 검토하거나 할 일들을 점검하는 등 생산적으로 그 시간을 사용했다. 그러나 학사징계를 받은 학생들 중에는 자투리 시간을 그렇게 보내는 경우가 거의 없었다.

자투리 시간을 효율적으로 사용하기를 원한다면 우선 아침에 눈을 떠서 잠들 때까지의 하루 일과를 검토해보라. 그리고 그 중에서 생산적으로 쓸 수 없다고 생각해서 무시했던 자투리 시간들을 찾아보라. 다음에 제시한 몇 가지 예를 참고로 자투리 시간을 찾아보고 거기에 소요되는 시간을 점검해보라.

- 동료들과 잡담하거나 중요하지 않은 일로 통화하는 시간
- 식당이나 은행 또는 병원에서 줄서서 기다리는 시간
- 세면이나 목욕을 할 때, 또는 화장실에서 보내는 시간
- 아침에 일어나서 뒤척거리거나 뭔가 마시고 먹는 시간
- 일터로 나오거나 일을 끝내고 집으로 돌아가는 시간

재앙과 환난은 항상 하찮게 여겼던 것이 쌓여서 생긴다

'화환상적어홀미禍患常積於忽微'라는 말은 송나라 대 유학자 구양수歐陽脩가 쓴 《영관전서伶官傳序》에 나오는 말이다. 이는 사람이 큰 돌에 걸려 넘어지는 경우는 별로 없으며, 대부분 하찮게 여겼던 작은 돌에 걸려 넘어진다는 말이다. 즉, 큰 돌은 눈에 잘 띄기 때문에 미리 조심하여 피해 가지만 작은 돌은 눈에 잘 띄지 않기 때문에 잘 살피지 않다가 그 돌에 걸려 넘어지게 된다는 것이다.

구양수는 자투리 시간을 매우 효율적으로 활용했던 것으로 유명하다. 그는 책을 읽거나 생각하기 좋은 배움의 장소로 삼상지학三上之學, 즉 침상枕上, 측상廁上, 마상馬上을 꼽았다. 침상에 있을 때, 화장실에 있을 때, 그리고 말을 타고 이동 중일 때를 뜻한다.

잠들기 전이나 잠이 들었을 때는 긴장감이 이완되는 시기로 창의적인 아이디어가 많이 떠오르는 시간이다. 유명한 과학자나 예술가들의 전기를 읽어보면 잠들기 직전이나 꿈속 또는 잠에서 깨어났을 때 떠오른 아이디어들이 창조적인 업적의 결정적 계기를 만들어준 예들을 수없이 만날 수 있다. 재봉틀을 고안한 하우에나 벤젠의 분자구조를 찾아낸 케쿨레 등이 대표적인 사례이다.

불면증에 시달렸던 월트 디즈니는 그의 아이디어 중 많은 것이 잠 못 이루는 밤에 떠오른 것이었으며, 그래서 아침에 다른 사람들보다 훨씬 많은 아이디어를 가지고 일에 임할 수 있었다고 했다. 나는 침대 옆에 항상 메모지와 볼펜을 놓아둔다. 잠들기 전이나 문득 잠에서 깼을 때 강의시간에 소개해줄 사례나 책에 쓸 아이디어들이 의외로 많이 떠오르기 때문이다.

화장실 역시 아이디어를 생각하기에 매우 좋은 장소이다. 요즘도 사찰에 가면 화장실을 해우소解憂所라고 부른다. 근심을 떨쳐버리는 곳이라는 의미이다. 창의적인 아이디어란 근심 걱정이 없고 긴장에서 벗어날 때 주로 떠오르기 때문에 화장실에서 보내는 시간 역시 잘만 사용하면 매우 생산적으로 활용할 수 있다. 고대

중국 설은사의 소승이었던 화상은 해우소 청소를 하면서 득도를 했다고 한다. 《에밀》을 쓴 사상가 루소는 지병인 방광염 덕택에 화장실에 오래 머무르는 습관이 있어서 그 시간에 많은 사색을 하고 저술 아이디어를 얻었던 것으로 유명하다.

뇌는 문제를 던져주면 스스로 답을 찾아내는 능력이 있기 때문에 틈틈이 문제를 생각하는 것만으로도 많은 문제를 해결할 수 있다.

시간을 길에 뿌리고 다닌다

대부분의 사람들이 허비하는 가장 중요한 자투리 시간은 출퇴근 시간이다. 따라서 자투리 시간을 생산적으로 사용하고자 한다면 무엇보다 먼저 출퇴근 시간을 어떻게 보내는지 점검해봐야 한다. 출퇴근 시간을 머릿속으로 그려보고 두 가지 질문을 던져보자. 첫째, 나는 출퇴근하는 데 얼마나 많은 시간을 쓰고 있는가? 둘째, 나는 그 시간을 어떻게 사용하고 있는가?

2002년 6월 한 채용정보회사에서 직장인 1천317명을 대상으로 하루 평균 출퇴근 소요 시간을 조사한 결과, 평균 한 시간 56분으로 나타났다. 일주일에 6일 동안 직장에 나간다고 할 때, 하루 두 시간씩 총 열두 시간이다. 한 달로 계산하면 무려 48시간이다. 하루 근무시간을 8시간으로 계산할 때, 한 달 중 일주일을 그냥 흘려보내는

셈이다. 만약 이 시간을 제대로만 활용할 수 있다면 우리는 한 달에 6일이라는 시간을 보너스로 받게 된다.

그럼에도 많은 사람들이 출퇴근 시간을 라디오에서 흘러나오는 짜증나는 뉴스를 듣거나 멍하니 창 밖을 내다보면서 흘려보낸다. 변호사이자 작가인 스콧 트로는 전철로 출퇴근하면서 몇 권의 베스트셀러 소설을 썼으며, 마리오 푸조는 잡지사에서 일하면서 틈틈이 시간을 내 그 유명한 영화 〈대부〉의 원작소설을 썼다.

성공적인 삶을 사는 사람들은 한 가지 공통점을 가지고 있다. 그것은 흘러가는 시간을 그냥 흘려보내지 않는다는 것이다. 그들은 그 시간을 붙잡아서 요긴하게 사용하는 습관을 갖고 있다. "티끌 모아 태산"이라는 속담처럼 아무것도 할 수 없을 것 같은 조각난 시간

들을 꾸준하게 활용하면 큰일을 이룰 수 있다. 큰 시간을 잠깐 유용하게 활용하는 것은 쉬운 일이다. 그러나 작은 시간들을 유용하게 보내는 습관을 꾸준하게 실천하는 것은 결코 작은 일이 아니다.

차를 운전해본 사람이라면 누구나 자동차의 핸들을 조금만 돌려도 진행 방향이 크게 달라진다는 것을 알 것이다. 차에서 보내는 시간을 조금만 다르게 사용한다면 여러분의 인생은 크게 달라질 것이다.

자투리 시간과 출퇴근 시간을 효과적으로 사용하려면……

자투리 시간이 얼마나 많은지를 아무리 정확하게 파악하고 있어도 그 시간을 어떻게 이용할 것인지를 모른다면 허사다. 여러분의 하루 중 많은 시간이 크고 작은 자투리로 낭비되거나 차 속에 갇혀 허비된다면 뭔가 획기적인 돌파구를 찾아야 한다.

● 일터와 가까운 곳에 살아라 : 나는 내가 지도하는 대학원생들에게 특별한 이유가 없는 한, 기숙사에서 생활하기를 권한다. 도로 위에서 차 안에 갇힌 채 많은 시간을 흘려보내서는 안 된다고 생각하기 때문이다. 일터와 가까운 곳에 살면 공부나 운동 같은 생산적인 일에 더 많은 시간을 쓸 수 있다. 그뿐 아니라 교통체증과 만원

버스나 지하철에서 겪게 되는 스트레스가 줄어들어 자연히 일의 능률도 더 오르게 된다.

● 조금 일찍 출근하라 : 아침마다 허겁지겁 출근해서 일의 능률이 떨어진다고 생각된다면 조금 일찍 일어나 러시아워가 되기 전에 출근하라. 내 경우도 일찍 출근하면 30분 정도 걸리지만, 러시아워가 시작되면 한 시간이 넘게 걸린다. 아직 아무도 출근하지 않아 고요하기만 한 일터에 제일 먼저 자리를 잡고 앉아 하루를 계획해보지 않은 사람은 무슨 일을 하더라도 결코 성공할 수 없다. 평소보다 30분만 일찍 출근하면 그날 하루가 훨씬 길게 느껴질 것이다.

● 자투리 시간에 할 수 있는 일을 준비하라 : 누군가를 기다리거나 식당이나 극장 앞에서 줄을 서서 기다릴 때를 대비해서 항상 읽을거리나 생각할 내용을 준비하라. 나는 아주 예외적인 경우를 제외하고는 집에 가방을 들고 가지 않는다. 공부는 학교에서 하고, 집에서는 가족과 함께 쉬어야 한다고 생각하기 때문이다. 대신 낮시간에 병원이나 은행 또는 관공서에 갈 때는 미처 읽지 못했던 책을 가지고 다닌다. 순서가 돌아올 때까지 준비해 간 책을 읽으면 지루한 생각도 들지 않고 아까운 시간을 허비하고 있다는 생각에 짜증을 낼 필요도 없기 때문이다.

● 운전하는 시간을 유용하게 사용하라 : 우리는 하루 중 많은 시간을 차 안에서 보낸다. 이 시간을 현명하게 사용할 수 있는 한 가지 방법은 카오디오를 이용해 오디오북을 듣는다거나 외국어를 공부하는 것이다. 나는 운전석 옆에 항상 작은 수첩과 볼펜을 준비해둔다. 운전 중에 떠오르는 아이디어가 있으면 메모하기 위해서다. 내가 쓴 책이나 강의 내용에 포함된 많은 아이디어들은 사실 차 안에서 얻어진 것들이다. 운전 시간을 학습 시간으로 바꾼다면 여러분의 자동차는 '움직이는 연구실' 이 될 것이다.

선택할 수 없는 것과 선택할 수 있는 것

우리가 어떤 환경에 처해 있든지, 많은 경우 그 환경 자체를 선택할 수는 없다. 그러나 환경에 대한 태도나 행동은 얼마든지 선택할 수 있다. 예를 들어 교통체증이 심할 때 다른 상황을 선택하는 것은 불가능하다. 그러나 그 상황에서 짜증을 내고 혈압을 올릴 것인지, 아니면 그 시간을 생산적으로 사용할 것인지는 전적으로 우리의 선택에 달려 있다.

성공한 사람들은 적은 시간을 크게 사용한다. 그러니 큰일을 하기에는 시간이 부족하다고, 여건이 안 된다고, 상황이 적당치 않다고 투덜거리며 자투리 시간을 낭비하지 말자. 대신 그 시간을 생산적으로 활용할 방법을 찾자. 그렇다고 한시도 쉬지 말고 일만 하라는 것은 아니다. 그렇다면 삶이 너무 고달파질 것이다. 더 많이 쉬기 위해서라도 자투리 시간을 더 효율적으로 사용해야 한다.

헛된 공상을 하거나 지루해하면서 또는 투덜거리면서 보내는 시간에 머리를 놀리지 말고 사용해야 한다. 마음만 먹으면 누군가를 기다리면서, 청소를 하면서, 걸어 다니면서, 샤워를 하면서도 생산적인 일을 할 수 있다. 그런 시간에 해결해야 할 문제를 생각하자. 그러면 우리의 현명한 뇌는 그 문제의 해결책을 찾아 답을 해줄 것이다. 혹자는 '그렇게까지 할 필요가 있는가' 라고 반론할지 모르겠다. 그러나 한번 시도해보라. 그러면 그게 얼마나 재미있는지, 얼마나 뿌듯한 느낌을 갖게 하는지 알게 될 것이다.

Think Think Think !

❖ 구양수의 '삼상지학' 을 통해 내가 배운 점은 무엇인가?

❖ 나는 자투리 시간을 어떻게 쓰고 있는가?

❖ 자투리 시간을 활용해서 이제부터 내가 할 수 있는 일은?

● ● ● 🌥 18

몰입과 집중으로 성과를 높인다

> 집중력은 레이저 광선 같아서 우리를 가로막는 어떤 것이라도 뚫고 나갈 수 있다.
>
> ―앤서니 라빈스

많은 학생들이 시험기간이 다가오면 아침 일찍부터 밤늦게까지 도서관에서 시간을 보낸다. 그런데 어떤 학생들은 시험이 코앞에 닥쳐도 친구를 만나거나 데이트를 하면서 여유를 부린다. 누가 좋은 성적을 받을까? 물론 전자일 가능성이 크다. 하지만 항상 그렇지만도 않다. 왜 그럴까?

여러분이 전자에 해당되고 여러분의 친한 친구가 후자에 해당된다면 여러분은 마음속으로 무척 억울해할 것이다. 그러면서 그 친구는 운이 좋거나 나보다 머리가 좋기 때문이라고 생각할지 모른다. 심지어는 부정행위를 했을 것이라고 의심할지도 모른다. 현명한 학생이라면 그 이유를 자신에게서 찾아야 한다.

많은 시간을 도서관에서 보내지만 시험 결과가 좋지 않게 나오는 데는 이유가 있다. 공부를 하지 않으면 불안하기 때문에 아침 일찍 도서관에 가긴 한다. 그러나 아무리 오랫동안 도서관에 있다고 해도 책상 앞에 앉아 조는 데, 음료수를 마시면서 친구와 잡담을 나누는 데, 화장실에 들락거리는 데, 딴 생각을 하는 데, 중요하지 않은 내용을 읽고 외우는 데 많은 시간을 소비한다면? 당연히 좋은 성적을 얻을 수 없다.

그렇다면 여유를 부리면서 도서관에서 적은 시간을 보내면서도 성적이 좋은 친구들은 어떨까? 그들은 대개 평소에도 집중해서 공부하는 습관을 갖고 있다. 그들은 강의실에서나 도서관에서나 공부를 하기 위한 워밍업 시간이 짧다. 대신 일단 시작하면 고도의 집중력을 동원해서 밀도를 높여 공부한다. 그래서 그들은 적은 시간을 투자해 더 많은 성과를 거둔다. 효율적으로 일하려면 워밍업 시간을 줄이는 법을 배워야 한다.

성과는 투자한 시간과 반드시 정비례하지 않는다

이러한 현상은 학생들에게만 해당될까? 물론 아니다. 시간을 사용하는 모든 일에서 동일한 현상을 확인할 수 있다. 대기업의 사무실이나 관공서의 대형 사무실을 둘러보라. 언뜻 보면 모든 사람들이 열심히 일하고 있는 것처럼 보인다. 그러나 몇몇 사람들은 나머지 다른 사람들보다 훨씬 더 실적이 좋다. 공부를 하거나 일을 할 때 우리가 쓰는 시간의 상당부분은 의외로 중요하지 않은 일들에 사용된다. 성과는 어떤 일을 하기 위해 투자한 전체적인 시간의 양이 아니라 일하는 방식, 즉 업무처리의 질에 의해 좌우된다.

지금으로부터 100여 년 전 이탈리아의 경제학자 빌프레도 파레토는 영국의 부와 소득의 유형에 대한 연구를 통해 소수의 국민이 대부분의 소득을 벌어들인다는 부의 불평등 현상을 발견했다. 그리고 이 현상과 관련된 매우 의미 있는 두 가지 사실을 발견했다.

하나는 전체 인구의 비중과 그들이 소유하고 있는 소득의 비중 사이에는 항상 일관된 수치가 관찰된다는 것이었다. 즉, 전체 인구의 20퍼센트가 전체 부의 80퍼센트를 차지하고 있다는 사실이다. 그 자신도 흥분했던 또 하나의 사실은 어느 나라를 조사해도 이러한 불균형의 패턴이 똑같이 나타나며, 그것은 시대가 달라져도 변하지 않는다는 사실이다.

노력, 투자, 원인의 적은 부분이 성과나 산출량, 결과의 대부분을 차지하며 노력과 성과, 투자와 산출량, 원인과 결과 사이에 일정한 불균형이 존재한다는 것을 의미하기 때문에 파레토의 법칙은 '불균형의 원리', '80/20 법칙' 등의 이름으로 불린다.

파레토의 법칙을 활용하면 사회의 많은 문제들을 효과적으로 해결할 수 있다. 예컨대, 교통정체의 80퍼센트가 전체 교차로의 20퍼센트에서 일어난다는 사실을 깨닫게 되면 정체현상을 빚는 20퍼센트의 교차로를 집중적으로 관리함으로써 교통정체를 획기적으로 개선할 수 있다.

요즘은 많은 기업들이 이 법칙을 경영에 적용하고 있다. 한 예로, 아메리칸항공사는 전체 매상고의 80퍼센트가 45만 명의 고객에 의해 달성되며, 이 45만 명은 전체 고객의 20퍼센트에 해당한다는 사실을 확인했다. 그래서 이 45만 명의 고객을 우량고객으로 데이터베이스화하여 관리했다. 그리고 이들에게 특별한 프리미엄 서비스를 제공함으로써 자사만을 이용하도록 했다. 그들은 철저한 우량고객 관리를 통해 고객의 이탈을 방지했으며, 결국 안정적인 매출을 이끌어갈 수 있는 마케팅에 성공했다.

적은 시간을 투자해 최고의 성과를 내기 위해서는……

파레토의 법칙은 사회적인 문제나 기업에만 적용시킬 수 있는 것이 아니다. 개인이 시간을 효율적으로 관리하는 데도 적용할 수 있다. 많은 사람들은 투자하는 시간만큼 성과가 나오기를 기대한다. 그래야 공정하다고 생각한다. 그러나 유감스럽게도 파레토의 법칙에 따르면 그것은 틀린 생각이다.

예컨대, 인간관계를 통해 얻게 되는 행복감은 무엇으로 결정될까? 알고 지내는 사람이 많으면 많을수록 더 큰 행복감을 느낄까? 그렇지는 않다. 알고 지내는 모든 사람들이 동일하게 중요할까? 그것 역시 그렇지 않다. 극히 일부의 소수 사람들, 예컨대 가족이나 친구 또는 함께 일하는 동료들은 나머지 모든 사람들을 다 합쳐 놓은 것보다 우리의 행복에 훨씬 더 중요하다. 우리의 행복은 바로 소수인 그들과 어떤 관계를 맺느냐에 따라 좌우된다.

그래서 현명한 사람들은 모든 사람에게 자신의 시간을 똑같이 내주지 않는다. 왜냐하면 삶의 질은 소수의 중요한 사람들과의 관계로 결정된다는 사실을 알기 때문이다. 파레토의 법칙은 인간관리뿐 아니라 시간관리에도 적용할 수 있다. 개인이 이루는 가치 있는 성과의 대부분은 그 일에 투자한 시간의 극히 일부에 의해 달성된다. 그렇다면 우리가 선택해야 할 일은 분명해진다. 성과를 낼 수 있는 시간에 최대한 몰두하고 집중하는 것이다.

정신일도 하사불성精神一到 何事不成 - 레이저식 집중

"양기발처 금석역투, 정신일도 하사불성陽氣發處 金石亦透, 精神一到 何事不成." '양기가 발동하면 쇠와 돌도 뚫고 정신을 집중하면 못할 일이 없다' 는 주자朱子 의 말이다.

얼마 전, 딸아이가 한숨을 쉬면서 다가왔다. 해야 할 숙제가 있는데 놀고 싶어서 공부가 안 된다는 것이다. 그러면서 생쥐가 곳간에 드나들 듯 냉장고 문을 열었다 닫았다 하고 화장실에 들락거릴 뿐 숙제할 엄두를 내지 못하고 있었다.

나는 딸에게 돋보기를 찾아오라고 해서 함께 베란다로 나갔다. 그리고 딸의 손등 위에 돋보기를 갖다 댔다. 손등 위에 동그라미를 그리면서 빛이 모이는 것을 유심히 관찰하라고 했다. 돋보기를 천천히 위로 들어올리자 빛의 동그라미는 점점 작아졌다. 마침내 딸아이는 "앗, 뜨거워!" 하며 소리를 질렀다. 나는 손이 왜 뜨거워지는지를 물었다. 그러자 딸은 빛을 한 곳으로 모아주니까 뜨거워지는 게 당연하다고 말했다. 그래서 나는 딸에게 주의집중도 같은 것이라고 말해주었다. 그러면서 돋보기로 빛을 모으듯이 숙제도 정신을 집중하면 짧은 시간에 끝낼 수 있다고 설명해주었다.

돋보기로 햇빛을 한 곳에 모으면 종이를 태울 수 있듯이 마음의 에너지도 한 가지 일에 집중시키면 해결의 통로를 보다 쉽게 뚫을 수 있다. 쇠를 자르는 데 사용할 뿐 아니라 수많은 SF영화에서 가공할 만한 파괴력을 유감 없이 발휘하는 레이저 역시 프리즘을 통해 한 파장의 순수 광선을 집중시켜 만들어낸 것이다.

레이저의 이러한 성질은 컴퓨터를 이용해 통제할 수 있기 때문에 여러 분야에 응용된다. 각종 행사의 레이저 슈뿐 아니라 CD에 데이터를 기록하거나 읽고, 망막에 생긴 종양이나 몸속의 암세포를 제거하는 데도 쓰인다. 그리고 두꺼운 철판을 정교하게 절단하거나 단단한 보석에 미세한 구멍을 뚫는 데도 사용된다.

레이저가 이처럼 다양한 분야에서 요긴하게 쓰일 수 있는 것은 에너지를 모을 수 있는 기능, 즉 집중시키는 기능 때문이다. 무슨 일이든지 그 성과는 투자한 시간에 비례하기보다는 몰두하는 정도, 즉 주의집중 정도에 비례한다. 레이저식 집중이란 제한된 시간 내에 모든 에너지와 정력을 한 가지 일에 몰두하는 것이다.

고도의 집중력을 유지하려면……

몰두와 집중의 정도는 개인의 성격과 일의 성질, 상황에 따라 달라진다. 각자가 원하는 목표의 성패는 집중력에 달려 있으며 집중력은 훈련과 연습에 의해 그 정도가 달라진다.

● **오래 일하는 것에 대한 자부심을 버려라** : 우리의 잘못된 생각 중 하나는 성과가 투자하는 시간과 정비례할 것이라는 믿음이다. 사실 우리가 하는 대부분의 일은 가치가 낮은 것이며, 투자하는 일부 시간만이 성과를 좌우한다. 단지 보여주기 위해 쉬지 않고 오래 일해서는 안 된다. 잠을 줄여가면서 일하거나 놀지 않고 일한다는 사실 자체만으로 만족감을 느끼거나 마치 선행을 베풀 때처럼 뿌

듯함을 느껴서는 안 된다. 성과는 투자하는 시간의 양이 아니라 질이며, 집중하는 정도에 따라 좌우된다는 사실을 명심하자.

● **최고의 성과를 낼 수 있는 시간대를 확인하라** : 집중력을 높이고 싶다면 무엇보다 먼저 과거를 돌이켜보면서 최고의 성과나 기발한 아이디어를 떠올렸던 시간대를 확인해서 그 시간을 늘려야 한다. 아침인가, 낮인가, 아니면 밤 시간대인가? 사무실에서인가, 도서관에서인가, 아니면 집에서인가? 혼자 있을 때인가, 아니면 누군가와 함께 있을 때인가? 내 경우, 주말에 아무도 없는 연구실에서 혼자 일할 때가 가장 많은 성과를 낼 수 있는 시간이다. 방문객도 없고, 전화도 걸려오지 않기 때문이다.

● **활동 레퍼토리를 줄이고 생각하는 시간을 가져라** : 오랫동안 일하면서도 성과를 내지 못하는 사람들이 많다. 그 이유는 그들이 지나치게 많은 일들에 관여하기 때문이다. 그들이 하는 대부분의 일들은 의례적인 회의나 모임처럼 목표 달성에는 별로 도움이 되지 않는 일들이다. 일의 집중도를 높이기 위해서는 활동을 더 줄여야 한다. 왜냐하면 활동들은 생각을 머릿속에서 몰아내기 때문이다. 일에 치여 생각할 시간이 없다고 말하고 싶은 사람은 헨리 포드의 이 말을 마음에 새겨둘 필요가 있다. "생각을 많이 하면 그만큼 더 시간을 벌 수 있다."

● 한계를 파악하고 일정기간만 몰두하라 : 아무리 능력이 뛰어난 사람이라도 너무 오래 일에 매달리면 일의 밀도가 떨어진다. 집중력을 오랫동안 유지하려면, 일정 수준까지는 투입량에 비례해서 수확이 증가하지만 그 수준을 넘어서면 수확이 오히려 감소한다는 '수확체감의 원리Principle of Diminishing Returns'를 이해해야 한다. 개인차가 있긴 하지만, 대부분의 사람들은 바이오 리듬상 평균 60분이 지나면 주의가 산만해진다. 따라서 자신이 고도의 집중력을 발휘할 수 있는 시간이 어느 정도인지를 파악하고 그 시간 동안만 몰두하려고 노력하라. 주의가 산만한 아이들을 지도하는 방법은 그 아이가 집중할 수 있는 시간을 먼저 파악하는 것이다. 만약 5분만 집중할 수 있다면, 일단 그 시간에 처리할 수 있는 정도의 과제만을 주어야 한다. 그렇게 하면 아이들은 성취감을 느끼게 될 것이고, 성취감을 느낄 때 집중력은 점차 증진된다.

● 자신만의 여유 시간을 가져라 : 아무리 성능이 좋은 차도 오일을 제때에 교환해주지 않거나 정기적으로 점검하지 않으면 제 기능을 발휘할 수 없다. 피곤하고 졸린 상태에서 쉬지 않고 운전을 하면 사고로 이어지기 쉽다. 우리의 머리도 마찬가지이다. 뇌도 때때로 쉬어야 제 기능을 발휘한다. 쉬지 않고 늘 제 몸을 혹사하는 사람들은 아무것도 이룰 수 없다. 최고의 집중도를 장기간 유지하기 위해서는 긴장을 완전히 풀고 휴식을 취할 수 있는 자기만의

여유 시간을 반드시 남겨두어야 한다.

● **부담스러운 일들은 세분화하라** : 어떤 일들은 너무 거창하고 복잡해서 어떻게 시작해야 할지 엄두가 나지 않는다. 부담스러운 일들은 적당히 나누어서 계획을 세우자. 나는 학생들의 시험 성적을 채점할 때 가장 집중하기가 어렵다. 특히 대형 강좌의 경우, 쌓아놓은 시험지를 보면 미리부터 머리가 아파진다. 그럴 때는 한꺼번에 채점할 수 없으니까 열 장씩 접어둔다. 접어둔 분량의 채점을 끝내면 커피를 마시거나 메일을 체크하면서 잠시 휴식을 취한다. 주의를 집중하기 위해서는 나름대로의 보완장치를 마련해야 한다. 그것이 바로 일을 작은 단위로 나누는 요령이다.

*Think Think **Think !***

❖ 나는 일을 오래 하는 편인가? 아니면 집중해서 짧게 하는 편인가?

❖ 일을 오래 하는 사람들이 대개 소득이 더 낮은 이유는 무엇일까?

❖ 집중도를 높이기 위해 이제부터 바꾸어야 할 내 태도는 무엇인가?

one more

파레토의 법칙

많은 학자들이 파레토의 법칙 pareto's Law 으로 여러 가지 사회현상을 설명할 수 있음을 확인했다. 몇 가지 예를 들면 다음과 같다.

- 프로 운동선수의 20퍼센트가 대회 상금의 80퍼센트를 받는다.

- 교칙위반 사례 중 80퍼센트는 20퍼센트의 학생들이 저지른다.

- 인간관계의 가치 중 80퍼센트는 20퍼센트의 관계가 좌우한다.

- 전화 중 80퍼센트는 20퍼센트의 사람들에게 걸려온다.

- 수업의 80퍼센트를 이해하는 학생은 20퍼센트에 불과하다.

- 책의 20퍼센트인 핵심내용은 책 전체분량의 80퍼센트에 해당된다.

- 성과의 80퍼센트는 집중해서 일한 20퍼센트의 시간에서 달성된다.

- 20퍼센트의 직원이 전체 생산량의 80퍼센트를 책임진다.

- 어떤 회사의 총수익 80퍼센트는 20퍼센트의 상품으로 얻어진다.

- 백화점 매출액의 80퍼센트는 20퍼센트의 단골고객이 올려준다.

1%만 바꿔도 인생이 달라진다

단순하게 산다

바쁘고 안 바쁘고는 그리 중요하지
않다. 문제는 '무엇을 위해 바쁘냐'
이다.

　　　　　　　—헨리 데이빗 소로우

- 모아놓기를 좋아하고 버리지를 못한다.
- 주변이 어지럽고 잡동사니로 가득하다.
- 찾아오는 사람도 많고 갈 데도 많다.
- 일을 집에까지 가지고 가며 편하게 쉴 틈이 없다.
- 단 하루도 전화, 인터넷, 텔레비전 없이는 못 산다.
- 혼자 즐기는 일이나 자기만의 시간을 갖지 못한다.

의외로 복잡하게 사는 사람들이 많다. 여러분들도 그런가? 만약 그래도 만족한다면, 그리고 행복하다면 좋다. 그러나 그렇지 못하다면 삶을 보다 단순화시켜야 한다.

잡동사니 버리기 : 마당 쓸고 동전 줍고

안타깝게도 많은 사람들이 수백 가지의 잡동사니들에 파묻혀 그것들과 씨름을 하면서 인생을 헛되이 낭비하고 있다. 그들의 책상 서랍은 쓸데없는 우편물, 메모지, 영수증, 쓰지 않는 열쇠들로 가득 차 있다. 책상 위는 오래된 잡지, 신문, 읽지도 않는 책, 필기구들로 넘쳐난다. 장롱은 몇 년 동안 꺼내보지도 않는 옷가지, 장신구, 가방들로 채워져 있으며, 베란다는 낡은 운동기구, 기념품, 신발들, 아이들이 갖고 놀지도 않은 오래된 장난감 등으로 어지럽다. 부엌 찬장에는 여분의 접시나 냄비, 프라이팬 등이 널려 있다.

잡동사니들은 에너지와 시간을 낭비하게 하며 불쾌한 감정에 빠지게 만든다. 이런 잡동사니들은 최소한 세 가지 이유로 시간을 낭비하게 한다. 첫째, 정말로 필요한 것을 찾으려고 하면 모든 잡동사니들을 다 뒤적거려야 하기 때문에 시간이 허비된다. 둘째, 주기적으로 쓰지도 않는 물건들을 정리해야 하기 때문에 시간이 허비된다. 셋째, 이로 인해 스트레스를 받고 불쾌한 상태에 빠지기 때문에 다른 일을 할 수 있는 시간이 그만큼 줄어든다.

그런데 왜 사람들은 그렇게 많은 잡동사니들을 모아놓고 난장

판 속에서 사는 것을 그만두지 못할까? 우리가 이렇게 잡동사니들을 끼고 사는 데는 몇 가지 이유가 있다. 첫째, 언젠가 필요할지 모른다고 생각하기 때문이다. 둘째, 보관하고 있는 많은 물건들은 나름대로 추억들을 간직하고 있다. 셋째, 물건들로 주변 공간을 꽉 채워둠으로써 심리적인 결핍을 보상받고자 하는 무의식적인 욕구가 있다. 그래서 사람들은 집 크기와 상관없이 그 공간을 무엇인가로 채워 넣는 경향이 있다.

문제는 공간의 여유가 없으면 삶의 여유도 없어지게 된다는 것이다. 정말 그럴까? 심리학자들은 비좁은 공간에서 키운 쥐들이 그렇지 않은 쥐들에 비해 더 혈압이 높고 질병에 잘 걸리며, 심지어는 사망률도 높다는 사실을 확인했다. 지하철과 교도소, 실험실

등에서 행해진 인간을 대상으로 한 실험 결과에서도 이와 유사한 사실들이 확인되었다.

그러니 쓰지 않는 물건들은 미련 없이 치워버리자. 안 보는 책은 도서관에 기증하고, 오랫동안 입지 않은 옷들은 자선단체에 기부하고, 쓰지 않는 물건들은 필요한 사람들에게 나눠주자. 잡동사니들이 치워진 공간은 탁 트인 바다나 벌판에 나갈 때처럼 평안한 느낌을 준다. 깨끗하게 치워진 서랍에서는 중요한 물건을 찾기가 쉬워질 것이고, 잡동사니가 없는 방은 믿기 힘들 만큼 평화를 안겨줄 것이다. 그리고 주변의 잡동사니들을 버리고 나면 우리에게 정말 소중한 것만 남게 되고, 그러면 그것들에 더 많은 애정을 느끼게 될 것이다. 그야말로 "도랑 치고 가재 잡고", "마당 쓸고 동전 줍는" 격이 아닌가?

마당발은 줄이고, 오지랖은 좁히자

"바쁘다 바빠!"하면서도 정작 자기에게 중요한 일들은 소홀히 하는 사람들이 많다. "약방에 감초"처럼 동창회, 친목회, 동호회 등 온갖 모임에 참석하거나 주변의 모든 일들에 관여해야 직성이 풀리는 사람들이다. 그들은 찾아오는 사람도 많고, 갈 데도 많다. 아니, '오라는 데는 없어도 갈 데는 많다'는 말이 더 맞을지도 모른다. 이런 사람들은 대개 주변의 불필요한 요구에도 단호하게

"No!"라고 말하지 못한다. 우리에게는 한정된 시간 내에 처리해야 할 일이 너무나 많다. 특히 자신을 위해 해야 할 일이 너무나 많다. 행복하고 만족스러운 시간을 더 많이 갖기를 원한다면 인간관계를 단순화해야 한다.

그럼에도 마당발이고 오지랖이 넓음에 자부심을 갖는 사람들이 많다. 왜 그럴까? 다른 사람들과 함께 지내는 것이 즐겁기 때문이다. 사람들에게 가장 기뻤던 일을 생각해보라고 하면 십중팔구 누군가를 떠올린다. 반면, 가장 우울했던 일에 대해 물어보면 대개 혼자였던 경우를 떠올린다. 사람들은 혼자 지낼 수 있는 능력에 대해 과신하는 경향이 있지만 혼자 여행을 가겠다고 나선 사람들조차도 사람들이 몰리는 곳으로 여행을 가는 경우가 많다. 또 혼자만의 시간을 갖기 위해 여행을 떠난 사람들도 막상 혼자 있게 되면 금방 외로움을 느낀다. 사람들이 혼자 지내는 것을 의외로 견디지 못한다는 증거이다.

많은 사람들과 관계를 유지하려고 하는 또 다른 이유는 그것을 통해 자신의 존재를 인정받을 수 있다고 생각하기 때문이다. 모임에 초대받지 못하거나 전화가 걸려오지 않으면 우울하고 불안하다고 말하는 사람들이 많다. 아무도 자신을 찾지 않으면 존재를 인정받지 못하고 소외당했다는 증거라고 생각하기 때문이다. 많은 사람들과 교류하면서 주변의 익득에 "약방에 감초"처럼 끼어들고 참여하기를 좋아하는 것은 그것이 우리로 하여금 존재 의미를 갖게 하고 세상에 대한 통제감을 경험할 수 있게 하기 때문이다. 문제는 복잡한 인간관계를 갖는 것이 불필요하게 많은 시간과 에너지를 소모하게 만든다는 것이다.

혼자서 지내는 시간이 너무 많은 것도 문제지만, 혼자 있는 시간이 너무 적은 것은 더 큰 문제이다. 어울리는 데 너무 많은 시간을 투자하면 자기만의 일을 찾지 못하고, 혼자 있는 것을 견디지 못하면 가지고 있는 재능을 충분히 계발할 수 없다. 외적인 활동이 많으면 자연히 생각하는 시간이 줄어들기 때문이다. 현재의 삶이 너무 복잡하다면, 그리고 진정으로 원하는 자기만의 삶을 살고 싶다면 오지랖을 좁히자. 그렇게 해서 만들어진 여분의 시간은 자신에게 정말 가치 있는 일과 중요한 사람들에게 더 많이 사용하자.

단순한 것이 아름답다

"요즘 어떻게 지내십니까?" 하고 근황을 물으면 '바쁘다'고 말하는 사람들이 의외로 많다. 그들은 아침 일찍부터 밤늦게까지 일하고 그것도 부족해 일감을 한 보따리씩 가지고 집으로 돌아온다. 그들의 다이어리에는 해야 할 일들이 수도 없이 적혀 있다. 주말이나 공휴일에도 일 때문에 쉬지 못하며 휴가조차도 부담스럽게 느낀다. 날마다 일감을 집으로 가져가야 한다면, 일을 효율적으로 하지 못하는 사람이거나 일 중독자이거나 자기를 혹사시키기를 좋아하는 사람이거나, 아니면 위의 모든 항목에 해당되는 사람일 것이다. 불행하게도 많은 사람들이 바쁘게 사는 데 중독되어 있다. 분주하게 사는 사람들이 왜 그렇게 많을까?

우선, 치열한 경쟁사회에서 살아남기 위해서일 것이다. 그런데 그것만은 아니다. 의외로 많은 사람들이 처리해야 할 일이 산더미처럼 쌓여 있고 일정이 빡빡하게 짜여 있어야 자신이 가치 있는 사람이라고 생각하는 것 같다. 심한 경우는 바쁘게 생활하면 굉장히 중요한 사람이라는 환상을 갖고 바쁘게 살지 않으면 가치 없는 삶을 살고 있다고 생각하는 사람도 있다. 이들은 한가롭게 지내는 시간에 대해 죄책감을 느끼기도 한다. 여러분이 너무 바쁘게 살고 있다면 그 시간 가운데 정말로 가치 있는 일을 하고 있는 시간이 얼마나 되는지를 한번쯤 확인해봐야 한다.

우리들 대부분은 스스로를 가장 중요한 존재라고 여기며, 자신을 위해서 일한다고 생각한다. 하지만 일에 치어 정작 가장 중요한 자신에게는 별로 시간을 투자하지 못하는 경우가 많다. 정말 자신이 가장 중요한 존재라고 생각한다면 자신을 위한 시간을 더 많이 가져야 한다. 그러려면 지금보다 덜 바쁘게 살고 바쁘다고 말하지도 말아야 한다. 나는 귀찮은 외판원을 따돌려야 할 때처럼 예외적인 경우를 제외하고는 웬만해서 '바쁘다'고 말하지 않는다 왜냐하면 그렇게 말하는 습관을 갖게 되면 마음이 분주해지고, 마음이 분주해지면 정신적 평온함을 잃게 해주기 때문이다. 복잡하고 바쁜 생활에서 벗어날 수 없다면, 그렇게 만든 사람은 바로 자신이라는 사실을 깨달아야 한다.

성공의 중요한 열쇠 중 하나는 단순함이다. 믿기 어려운가? 그렇다면 성공한 기업과 개인을 살펴보라. 기업을 성공적으로 키우려면 주력분야에 집중해서 최대한 단순하게 경영해야 한다. 세계최고의 기업들은 대개 단순한 기업이다. 개인의 경우도 최고의 성공을 거둔 사람들은 대부분 관심분야가 한정되어 있고 삶이 매우 단순하다.

원하는 만큼 이루지 못하고 있다면 우선 활동들을 단순화해야 한다. 그래야 중요한 일에 집중할 수 있기 때문이다. 일에서건 대인관계에서건 부가가치보다 손실이 크다면 과감하게 그것들과 관계를 끊어야 한다.

나는 복잡한 것은 싫고 정말 단순한 게 좋다. 나는 세상이 복잡해질수록 단순해질 필요가 있다고 믿는다. 혹시 여러분도 단순한 것을 좋아하는가?

정보의 홍수에서 벗어나자

오늘날 우리는 정보통신의 홍수 속에 살고 있다. 컴퓨터, 팩시

밀리, 인터넷, 이메일, 텔레비전, 휴대전화기 등을 통해 언제 어디서든 원하는 정보를 받거나 보낼 수 있으며, 다른 사람들과 얼마든지 접촉할 수 있다. 전화나 이메일은 우리가 원한다면 한밤중에라도 세계 어느 곳으로든 즉시 연락을 취할 수 있게 해주며 인터넷은 도서관에서 진땀을 흘리지 않고도 얼마든지 원하는 정보를 찾을 수 있게 해준다. 첨단 기술의 발달은 많은 시간을 절약하게 하고 더 적게 일하면서도 더 많은 소득을 올리도록 도와준다.

정보통신의 발달은 양날을 가진 칼과도 같다. 우리가 원한다면 언제 어디서든 일을 할 수가 있기 때문에 생산성을 극대화할 수 있다. 그렇지만 이를 적절하게 통제하지 않으면 우리의 생활은 정보의 홍수 속에 파묻히게 된다.

통신기기의 사용을 통제하지 못하면 심각한 문제가 발생할 수 있다. 첫째, 시간을 더 많이 빼앗길 수 있다. 실제로 시간을 절약하기 위해 개발된 통신기기들이 아이러니하게도 시간을 더 많이 앗아간다. 텔레비전이나 이메일, 휴대전화에 할애하는 시간사용내역을 확인해보면 대부분 별로 중요하지 않은 일에 사용되고 있음을 알 수 있다.

둘째, 생각할 수 있는 여유가 없어진다. 우리는 하루 중 많은 시간을 텔레비전, 라디오, 휴대전화기, 컴퓨터 등과 함께한다. 하루 종일 소리와 영상 정보에 파묻혀 살다보면 창의적으로 생각할 시간은 그만큼 줄어든다.

셋째, 일을 떠나 재충전해야 할 휴식시간을 방해한다. 최신 정보통신기기의 장점은 언제 어디서든 일을 할 수 있게 해준다는 것이다. 영화관이나 회의실은 말할 것도 없고 심지어 휴대전화기에 랩을 씌워 목욕탕에까지 가지고 들어가는 사람도 있다.

나는 아직도 휴대전화기가 없어 주변에서 원시인이라는 말을 종종 듣는다. 중요한 연락은 연구실의 전화나 이메일로 얼마든지 주고받을 수 있기 때문이기도 하지만, 너무 분주하게 사는 것이 싫기 때문이다. 지나치게 분주하게 살지 않으려면 무엇보다 먼저 불필요한 정보를 차단해야 한다. 방해받지 않아야 할 중요한 시간에는 통신기기의 전원을 모두 *끄자*. 휴식을 취해야 할 시간에는 불필요한 전자기기의 플러그를 모조리 뽑아두자.

톱날 갈 시간을 마련하자

휴식시간을 갖는 것이 아깝게 느껴질 때가 많다. 정말 그럴까? 한 나무꾼은 간간이 쉬면서 톱날을 갈았다. 그러나 다른 나무꾼은 톱날을 갈 시간조차 아껴가며 통나무를 베었다. 어떤 사람이 더 많은 통나무를 벨 수 있을까? 말할 것도 없이 전자일 것이다. 그럼에도 많은 사람들이 후자처럼 살아간다. 연장을 효율적으로 사용하기 위해서는 손질하는 시간을 가져야 한다. 그것이 휴식이다.

화가들은 그림을 그리다가 간간이 붓을 놓고 쉬면서 멀리서 전체 그림을 바라본다. 그래야 작품을 제대로 완성할 수 있기 때문이다. 삶이나 일 모두 제대로 하려면 때로는 화가처럼 일손을 놓고 하던 일을 되돌아보고 앞을 내다볼 시간을 가져야 한다. 하고 있는 일에서 한 걸음 물러나서 볼 수 있을 때 더 생산성이 높아지기 때문이다. 멜로디를 만들기 위해서는 반드시 음과 음 사이에 공간이 필요하다. 공간이 없는 음들의 연속적인 집합은 소음에 불과하다. 휴식은 음과 음 사이의 공간과 같다. 자연도 주기적으로 휴식을 취한다. 곰과 뱀은 겨울잠을 자고 나무도 겨울이 되면 쉰다.

여러분이 하는 일이 얼마나 바쁜지, 얼마나 막중한 책임을 지고 있는지와 관계없이, 적어도 하루에 몇 번씩은 하던 일에서 손을 떼고 조용히 쉬는 시간을 가져야 한다. 그렇게 해보면 이전과는 완전히 다른 삶을 경험할 수 있을 것이다. 또 가끔은 혼자만의 안식처를 찾아가 자기만의 시간을 가져보자. 아이들은 책상 밑이나 벽장 속 등 자신만의 특별한 공간에 있기를 좋아한다. 그들만의 안식처가 정서적인 평온함을 제공하기 때문이다. 안식처는 아이들뿐 아니라 어른들에게도 필요하다.

미국의 벨전화연구소 정문 출입구 앞에는 전화기 발명가인 알렉산더 그래이엄 벨의 흉상이 세워져 있다. 그 흉상 아래에는 "가끔 일상적 궤도를 벗어나 숲 속으로 뛰어들라 그러면 종전에는 전처 볼 수 없었던 그 무언가를 발견할 수 있으리라."라는 문구가 새겨져 있다. 나는 일이 힘들거나 휴식이 필요할 때는 어디론가 혼자 떠나기를 좋아한다. 혼자 있는 시간을 갖다보면 일과 관련된 아이디어도 많이 떠오르고, 내가 하는 일과 가족들이 더욱 소중하게 느껴진다.

아이아코카가 크라이슬러의 CEO로 있을 때 한 부사장이 자기는 2년 동안에 단 한번도 휴가를 다녀오지 않았다고 자랑스럽게 말하는 것을 우연히 듣게 되었다. 아이아코카는 그 부사장에게 어떤 보상을 했을까? 즉각 해고통지서를 전달했다. 왜 그랬을까? 아이아코카는 훗날 한 잡지사와의 인터뷰에서 누군가 2년 동안 한번도 휴가를 다녀오지 않았다면 그에게 심각한 문제가 있기 때문이라고 말했다. 여러분의 생각은 어떤가?

Think Think Think !

✤ 버리지 못하고 모아두는 물건들은? 왜 그런가?

✤ 내 일상은 얼마나 복잡한가? 그래서 어떤가?

✤ 나만의 안식처는 왜 필요한가? 어떻게 만들 것인가?

1%만 바꿔도 인생이 달라진다

one more

삶을 보다 단순하게 하려면……

- 안 쓰는 물건들은 기부하거나 과감하게 버려라.

- 자신만의 시간을 주기적으로 가져라.

- 전화, 인터넷, 텔레비전, 신문, 음악 없이 지내는 시간을 가져라.

- 불청객에게는 과감하게 'No' 라고 얘기하라.

- 일과 상관없는 취미생활을 한 가지쯤은 가져라.

- 각종 모임, 부가적인 보직, 만나는 사람을 줄여라.

- 한 달에 한 번은 밤하늘을 올려다보는 시간을 가져라.

4

내 삶의 주인이 되려면

- 자기통제와 자기조절

Self
Controlling & Regulation

패자는 일이 잘못되면 '그건 네 탓이다'라고 말하지만
승자는 일이 잘못되면 '그건 내 탓이다'라고 말한다.

패자는 자신을 먼저 생각해서 더 많이 잃지만
승자는 팀을 먼저 생각해서 더 많이 얻는다.

패자는 부드러운 논쟁거리도 격하게 다루지만
승자는 격한 논쟁거리도 부드럽게 처리한다.

패자는 잘못했을 때도 사과하지 못하지만
승자는 잘못한 일이 없을 때도 사과할 수 있다.

패자는 자기보다 우월한 사람을 보면 흠부터 찾으려 하지만
승자는 자기보다 열등한 사람을 보고도 배울 것부터 찾는다.

패자는 시작만 거창하지만
승자는 시작보다 끝이 아름답다.

내가 변해야 세상도 바뀐다

우리 삶의 책임이 세상에 있다고 말
하지 말자. 세상은 우리에게 아무런
책임이 없다. 우리가 있기 전에 세
상이 먼저 있었다.

—마크 트웨인

사람들은 상처와 고통을 겪으면서 스스로에게 두 가지의
질문을 한다. 첫째는 "왜 이렇게 되었을까?", 둘째는 "어떻게 할
까?"이다.

실패하는 사람들은 전자의 질문을 하면서 매우 논리적이고 체
념 섞인 핑곗거리를 찾아낸다. 그들의 변명거리는 수도 없이 많지
만 전형적인 리스트는 이런 것들이다.

- 외모가 잘생긴 것도 아니고……,
- 집안이 좋은 것도 아니고……,

- 학벌이 근사한 것도 아니지……,
- 결혼을 잘한 것도 아니지……

그러면서 두 번째 질문에 대해서는 이렇게 간단히 답한다. "어쩔 수 없어." "잘 되면 제 탓, 안 되면 조상 탓"이라는 속담이 있듯이, 문제가 생기면 문제의 근원을 외부에서 찾고 싶은 것이 인지상정이다. 거기에는 몇 가지 심리학적인 이유가 있다.

첫째, 문제가 생겼을 때 책임을 지지 않아도 되고, 따라서 죄책감을 느끼거나 자기를 비난하지 않아도 된다. 둘째, 자기 탓으로 돌릴 때 손상될 수 있는 자존심을 보호할 수 있다. 셋째, 자기를 변화시키기 위해 시간과 노력을 투자하지 않아도 된다. 넷째, 무엇보다 매력적인 점은 다른 사람들을 마음놓고 비난할 수 있다는 것이다. 문제는 이러한 이유로 자기를 설득하면 할수록 행복과는 점점 더 거리가 멀어진다는 것이다.

만약 ~했더라면

성공하고 행복한 사람들에게도 공통점이 있지 않을까? 그들 역시 상처와 고통을 받을 때 두 가지 질문을 한다. 그러나 찾아내는 답은 다르다. 그들은 "왜 이렇게 되었을까?"라는 질문의 답을

1%만 바꿔도 인생이 달라진다

환경에서 찾기보다는 자신에게서 찾는다. 그리고 "어떻게 할 것인가?"라는 질문에는 이렇게 답하면서 해결책을 찾아낸다. "모든 문제에는 반드시 해결책이 있다." 세상에 이름을 남긴 사람들은 하나같이 환경이 마음에 들지 않으면 자기를 변화시켜 환경을 고쳐나갔다.

사춘기 시절에 '절세미인이 된 자신을 지나가는 사람들이 넋을 잃고 바라보는 상상'을 하면서 열등감에 빠져들지 않았더라면 사라 할프린이 베스트셀러 작가이며 저명한 심리치료사가 될 수 있었을까? 흑인에 대한 극심한 편견 속에서 찢어지게 가난한 어린 시절을 보내지 않았다면 무하마드 알리가 위대한 권투선수가 될 수 있었을까? 진화론자 찰스 다윈은 이렇게 말했다. "만일 내가 심한 병약자가 아니었다면 그처럼 많은 일들을 성취할 수 없었을지도 모른다." 그들은 모두 열등감을 가지고 있었거나 열악한 환경에서 자랐다. 그렇지만 그들은 환경을 탓하기보다 자기를 변화시켜 다른 사람보다 훨씬 더 많은 것을 이루었다.

과거는 이미 지나간 환상에 불과하다. 그래서 아무리 애를 써도 변화가 불가능하다. 우리가 변화시킬 수 있는 유일한 것은 현재와 미래뿐이다. 더 나은 삶을 원한다면 무엇보다 먼저 '만약 ~했더라면……'하면서 과거에 초점을 맞추는 것이 아니라 '만약 ~한다면……'하고 미래에 초점을 맞추는 것이다.

한계를 뛰어넘은 사람들

불행하게도 인생이란 결코 공평한 것이 아니다. 어떤 사람은 지독하게 가난한 가정에서 설상가상으로 선천성 불구로 태어난다. 또 어떤 사람은 훌륭한 가문에서 준수한 외모에 건강한 신체와 뛰어난 재능을 가지고 태어난다. 그러나 비참하게 태어났다고 해서, 환경이 나쁘다고 해서 모두 불행하게 사는 것은 아니다.

한계를 뛰어넘는 데 아주 효과적인 한 가지 방법은 자기보다 더 어려운 상황을 극복해낸 사람들을 찾아보는 것이다. 스트라이커라는 심리학자의 연구 결과에 따르면 열악한 환경 출신이라도 자신과 비슷한 배경을 가진 어떤 사람이 성공했다는 것을 알고 있는 사람은 그렇지 않은 사람에 비해 훨씬 성공 가능성이 높은 것으로 나타났다. 왜냐하면 그들은 열악한 환경을 탓할 명분을 찾을 수 없을 뿐 아니라 비슷한 환경을 딛고 성공한 사람을 보고 배울 수 있기 때문이다.

스티븐 호킹은 심각한 신체 장애에도 불구하고 세계적으로 유명한 물리학자인 동시에 베스트셀러 작가이기도 하다. 그는 걷는 것도, 글을 쓰거나 말하는 것도 불가능한 루게릭병으로 시한부 인생을 살고 있다. "당신의 질병이 연구를 더 재촉해서 성과를 거두게 되었다고 생각하는가?"라는 기자의 질문에 그는 "그렇지는 않다. 단지 나는 다른 사람만큼, 질병이 불리하게 작용하지 않는다고 믿을 뿐이다."라고 답했다.

데모테네이스는 어렸을 때 어찌나 심하게 말을 더듬었던지 남 앞에 나설 수가 없을 정도였다. 그는 이를 극복하기 위해 냇가에 나가 조약돌을 입에 물고 피나는 발성연습을 했다. 그 결과 인류 역사상 가장 뛰어난 웅변가 가운데 한 사람이 되었다. 그들은 모두 한계보다는 가능성에, 과거보다는 미래에 초점을 맞추고 그들 앞에 놓인 걸림돌을 도약의 디딤돌로 바꾸었다. 지금까지와 다른 삶을 살고 싶다면 한계를 뛰어넘는 법을 배워야 한다.

나는 헬렌 켈러가 했던 다음과 같은 말을 정말 좋아한다. "나에게는 너무나 많은 것이 주어졌다. 나에게 어떤 것들이 없는지 생각하며 머뭇거릴 시간이 없다." 여러분이 무언가 해낼 수 있을지 의심스러울 때나 변명을 하고 싶은 유혹에 빠져들 때, 떠올릴 수 있는 사람은 과연 누구인가?

통제받을 것인가 통제할 것인가

내 과목에서 F학점을 받았던 한 학생이 연구실로 찾아왔다. 그는 원래 예술계통으로 진학하고 싶었는데 '부모님이 원하는 학과에 입학했기 때문에' 공부가 하고 싶지 않다고 말했다. 그래서 나는 그에게 물었다. "부모님이 자네의 머리에 총을 겨누고 그것을 전공하지 않으면 죽이겠다고 하시던가?" 물론 그는 아니라고 대답했다. 그래서 다시 물었다. "부모의 요구를 받아들이기로 선택한 사람은 누군가?" 그는 자기 자신이라고 말했다.

그는 자신이 선택한 것이 아니라 부모의 강요 때문이라고 생각했기 때문에 자신이 선택한 일을 방치했다. 누군가 때문이라고 생각했던 일도 결국 우리 스스로가 선택한 것임을 받아들이면 세상은 이제까지와는 완전히 다르게 보일 것이다. 자신이 피해자라는 생각에서 벗어날 수 있고 또 다른 선택도 할 수 있게 된다. 다른 사람을 탓하면서 자기의 삶을 살지 못하는 사람들은 사용하는 언어가 다르다. 그들은 대개 '나'보다는 '너'라는 단어를 주어로 사용한다. 변명하는 습관에서 벗어나려면 내면의 말투부터 고쳐야 한다.

상담을 할 때 내담자가 '그'라는 단어 대신 '나'라는 단어를 써서 얘기하도록 하면 훨씬 더 쉽게 행동을 변화시킨다는 걸 알 수 있다. '그가 화나게 했다'는 내면적 언어에 길들여져 있다면 우리는 언제나 피해자가 된다. 화가 나는 이유를 상대방 탓으로 돌리면 일시적으로 위안이 될지 모른다. 문제는 '누군가'를 탓하면, 그 '누군가'가 나의 삶을 좌우하고 조정하게 된다는 사실이다.

그런데 만약 '내가 화를 내기로 선택했다'라고 말을 바꾸면 어떤 일이 일어날까? 책임을 져야 한다는 측면에서 일시적으로 괴로울지 모르지만 통제권은 내게 넘어온다. 따라서 화를 내지 않는 것 역시 내가 선택할 수 있다. 아주 사소한 것 같지만 습관적으로 사용하는 단어를 신중하게 선택하는 것만으로도 사고와 감정, 더 나아가 삶의 질을 바꿀 수 있다.

우리는 우리에게 일어나는 모든 일을 선택할 수는 없다. 그러나 그 일들에 대한 반응은 얼마든지 선택할 수 있다. 상담을 받는 내담자들은 자신의 상태에 대한 책임이 자기에게 있다는 사실을 깨달을 때까지는 좀처럼 변화를 보이지 않는다. 타인이나 자신 이외의 어떤 것 때문에 고통을 겪는다고 생각하는데 무엇 때문에 자기를 변화시키려 애쓰겠는가?

일반적으로 어떤 기업이 위기에 처해 있을 때 그 구성원들이 문제의 원인을 기업 내부에서 찾고 책임지려고 하면 훨씬 더 빨리 회복하는 경향이 있다. 개인의 경우도 마찬가지이다. 문제가 생겼을

때 자신의 허물을 덮으려 하거나 다른 사람들을 탓하는 이들은 훨씬 더 힘들고 어려운 길을 가야 한다.

"당신이 확신을 가지고 개선할 수 있는 우주의 유일한 구석이 있다면 그것은 당신 자신이다." 올더스 헉슬리의 말이다. 변화를 원한다면 무엇보다 먼저 자신이 겪고 있는 문제를 환경이나 다른 사람 탓으로 돌리는 것을 중단해야 한다. 그리고 자기에게 책임이 있다는 사실을 받아들여야 한다. 자신의 불행을 부모나 다른 사람 탓으로 돌린다면, 그것은 삶의 통제권을 그들에게 넘겨주는 것과 같다. 여러분은 누가 자신의 삶을 통제하기를 원하는가?

Think Think Think !

✤ 내가 겪는 문제 중 다른 사람 때문인 것은 무엇인가?

✤ 그 사람을 탓할 때 무엇을 얻게 되는가?

✤ 앞으로 그 문제를 어떻게 해결할 것인가?

1%만 바꿔도 인생이 달라진다

one more

다섯 장으로 된 짧은 자서전

I 난 길을 걷고 있었다. 길 한가운데 깊은 구덩이가 있었다.

  난 그곳에 빠졌다. 난 어떻게 할 수가 없었다.

  그건 내 잘못이 아니었다.

  그 구덩이에서 빠져 나오는 데 오랜 시간이 걸렸다.

II 난 길을 걷고 있었다. 길 한가운데 깊은 구덩이가 있었다.

  난 그걸 못 본 체했다. 난 다시 그곳에 빠졌다.

  똑같은 장소에 또다시 빠진 것이 믿어지지 않았다.

  하지만 그건 내 잘못이 아니었다.

  그곳에서 빠져 나오는 데 또다시 오랜 시간이 걸렸다.

III 난 길을 걷고 있었다. 길 한가운데 깊은 구덩이가 있었다.

  난 미리 알아차렸지만 또다시 그곳에 빠졌다.

  그건 이제 하나의 습관이 되었다.

  난 비로소 눈을 떴다. 난 내가 어디 있는가를 알았다.

  그건 내 잘못이었다.

  난 그곳에서 얼른 빠져 나왔다.

IV 내가 길을 걷고 있는데 길 한가운데 깊은 구덩이가 있었다.

  난 그 구덩이를 돌아서 지나갔다.

V 난 이제 다른 길로 가고 있다.

- 포르티아 넬슨

21

함께 하면 못 해낼 일이 없다

혼자서 할 수 있는 일은 적다.
그러나 함께 하면 우리는 더 큰 일을
할 수 있다.

—헬렌 켈러

　어려서부터 천재라 불리며 세간을 놀라게 했던 사람들이 지금은 우리의 기억 속에서 사라진 이유는 무엇일까? 학창시절 줄곧 반에서 1등을 했던 친구가 크게 성공하지 못하는 이유는 무엇일까? 의과대학을 수석으로 입학하고 졸업하고도 나중에 개업하고 나서 최고가 되지 못하는 이유는 무엇일까?

　결론부터 말한다면 이들은 IQ는 높지만 EQ(Emotional Quotient : 감성지수)가 낮을 가능성이 높다. 최근의 수많은 심리학적 연구 결과에 따르면 IQ보다는 EQ가 성공에 더 중요한 영향을 미치는 것으로 밝혀졌다. 감성지능은 감정 인식, 감정 조절, 자기 동기화, 대인 관계 능력 등 정서 및 사회성과 관련된 능력을 포함한다. 이 중에서 다른 사람의 입장을 바꾸어 생각해보고 공감할 수 있는 대인 관계 능력이 성공에 가장 중요한 요인 중 하나로 확인되고 있다.

독불장군은 미래가 없다

미국 뉴저지주에 있는 AT&T사의 벨전화연구소는 우수한 연구원들이 모이는 곳으로 유명하다. EQ라는 개념을 제창한 다니엘 골맨은 이 연구소의 인사담당 중역들에게 고위직 관리자들에 대한 평가를 부탁했다.

평가대상의 연구원들이 입사 5년 후에 내놓은 업적은 천차만별이었다. 평가 결과, 우수한 업적을 쌓고 고위직으로 승진한 연구원들은 그들의 입사동기들에 비해 결코 지능이 우수하거나 입사시험 성적이 뛰어난 사람들이 아니었다. 이들은 동료들과 시시콜콜한 신변잡담을 주고받거나, 동료나 상사에게 인기가 많았으며, 자기의 목표를 달성하는 데 주변사람들의 협조를 쉽게 받아내는 사람들이었다.

반면, 독불장군식의 천재들은 실적이 저조한 것으로 밝혀졌다. 그들은 머리는 좋지만 대인관계가 원만하지 못하고 목표를 달성하는 과정에서 함께 일하는 동료들의 협조를 잘 얻어내지 못하는

것으로 확인되었다. 실적과 승진에는 머리보다 가슴이 더 중요한 영향을 미치기 때문이다.

캠벨이라는 심리학자는 기업체의 관리자로서 주목받고 있는 유망주들을 대상으로 실패한 사람들의 특성이 무엇인지를 확인하기로 했다. '떠오르는 별'이라 불리던 이들 중 상당수가 중도에 탈락했다. 그 이유는 기술적인 무능함이라기보다는 대부분 대인관계의 결함 때문이었다. 그는 미국과 유럽의 많은 기업체 관리자들과의 면접을 통해 뛰어난 재능을 갖고 있으면서도 장기적으로 성과를 내지 못하는 사람들의 특성을 찾아냈다. 그들에게서 공통적으로 발견되는 치명적인 결점들이 있었다. 이는 주로 '다른 사람들과 협력관계를 형성하지 못하는 것', '권위적인 태도와 행동',

'상사와의 상습적인 갈등' 등 대인관계와 관련된 것들이었다.

무리에 끼지 못하면 오래 버티지 못한다

물벼룩에서부터 아프리카 밀림에 사는 원숭이에 이르기까지 수많은 동물들도 무리에 끼지 못하면 결코 오래 버틸 수 없다는 것을 잘 알고 있다. 무리에 섞여 있을 때 취할 수 있는 이득은 여러 가지가 있다. 그 중 가장 큰 이득은 포식동물로부터 자신을 방어할 수 있다는 것이다.

생물학자 월티는 물벼룩이 무리 지어 있을 때 공격당할 가능성이 현저히 줄어든다는 사실을 확인했다. 떼로 몰려다니는 물벼룩 무리가 포식자인 물고기의 주의를 분산시킬 수 있기 때문이다. 물고기가 한 마리의 물벼룩을 표적으로 삼아 삼키려는 순간, 그 주변의 다른 물벼룩들에 한눈을 팔게 되어 표적을 놓칠 가능성이 높아진다. 결과적으로 밀도가 높은 물벼룩 군집을 만나면 포식자가 먹어치울 수 있는 물벼룩의 양은 상대적으로 적어진다. 이를 포식자에 대한 물벼룩 군집의 '혼란효과'라 한다.

멋쟁이나비의 유충들도 군집을 이룸으로써 딱새와 같은 천적으로부디 자신을 보호한다. 컨저들은 유충이 군집을 유심히 살피고 있다가 무리에서 떨어져 혼자가 되는 별난 녀석들만 쪼아먹는다.

생물학자 앨리는 무리를 지음으로써 얻을 수 있는 사회적 이점에 관심을 갖고 여러 가지 실험을 했다. 그는 금붕어의 경우, 혼자 살 때보다 집단 속에 있을 때 더 많이 먹는다는 사실을 확인했다. 집단 속의 금붕어들은 성장 속도가 더 빠른데, 이는 단지 먹는 먹이의 양이 증가해서만이 아니다. 혼자 살고 있는 금붕어와 같은 양의 먹이를 먹을 때도 집단 속의 금붕어들은 더 빨리 자란다. 심지어는 편형동물의 일종인 프로세로데스Procerodes조차 혼자 있을 때보다 집단 속에서 살 때 염분의 변화에 더 잘 견딘다는 사실이 확인되었다.

조류나 영양류 같은 초식동물들도 무리에서 이탈하는 녀석들은 오래 견디지 못한다. 혼자 있을 때보다 무리를 지어 있을 때 천적의 접근을 훨씬 더 쉽게 간파할 수 있다. 여러 마리가 무리를 지어 있으면 각기 다른 방향을 향하고 있는 수많은 구성원들이 서로 위험을 경고하는 등 언제나 최상의 경계태세를 갖출 수 있기 때문이다.

보다 고등한 동물인 원숭이 역시 무리에서 이탈하는 녀석들은 심각한 위험에 처하게 된다. 포식자로부터 공격을 받을 가능성이 높아질 뿐 아니라 무리에 섞여 있는 다른 원숭이들로부터 공격이나 괴롭힘을 당하기 쉽다. 개코원숭이의 경우, 집단에서 이탈해 혼자 어슬렁거리거나 유별난 모습을 보이는 원숭이는 집단으로부터 따돌림이나 괴롭힘을 당하는 것으로 확인되었다.

인간의 유전자 속에도 대다수 대중들과 색다른 아웃사이더를

격렬하게 배척하려는 경향이 숨겨져 있다. 어린아이들도 다수의 대중과 다른 특성을 보이는 또래, 이상한 옷차림을 하거나 말을 더 듬거나 신체 장애가 있는 아이들을 놀려대거나 괴롭힌다.

외톨이는 결코 행복할 수 없다

살아오면서 경험했던 가장 기뻤던 일과 불쾌했던 일을 떠올려 보면 그 사건 속에는 항상 누군가가 포함되어 있다는 것을 알 수 있다. 이는 우리가 느끼는 행복과 불행에는 반드시 인간관계가 밀접하게 관련되어 있다는 증거이다.

어떤 문화권에서나 사람들은 친한 사람들과 함께 있을 때의 경험을 가장 긍정적으로 평가한다. 혼자 할 때는 마지못해서 하던 일도 친구들과 함께 하면 신명나게 할 수 있다. 좋은 대인관계가 기분을 좋게 만들기 때문이다.

다른 사람들과 함께 어울릴 때보다는 혼자 있을 때 우울한 기분을 더 강하게 느낀다고 하는 사람들이 많다. 함께 하면 즐거운 일도 혼자 할 때는 별로 신이 나지 않으며 즐겁지도 않고 쉽게 권태감을 느낄 수 있다. 또 외톨이로 지내는 아이들은 그렇지 않은 아이들에 비해 우울증에 시달릴 가능성이 높다. 가벼운 우울증에서부터 심각한 정신분열증에 이르기까지 정신장애를 앓는 사람들은 대부분 기본적으로 대인관계에 문제가 있다. 그래서 카운슬러들은 어떤 이론으로 장애를 치료하더라도 내담자의 인간관계 개선에 많은 시간을 할애한다.

평범한 사람들도 혼자 있는 시간이 길어지면 불쾌한 감정을 더 많이 경험하며, 정신분열증 환자들의 경우도 고립되어 있을 때 망상이 심해진다. 멍청이를 뜻하는 영어 단어 'idiot'은 그리스어 'idios'에서 기원한 것인데, 그 말은 '혼자 사는 사람'이라는 의미를 가지고 있다. 이는 아주 오래전부터 다른 사람들과 어울리지 못하고 외톨이로 지내는 사람들은 정신적으로 문제가 많다는 경험적 사실을 시사한다.

관계를 개선하려면 관계를 저해하는 요인부터 찾아보자

인간관계는 다음과 같은 몇 가지 이유로 우리의 삶에 막강한 영향을 미친다. 첫째, 삶에서 느끼는 만족감은 대부분 인간관계에서 발생하기 때문에 관계에 문제가 생기면 모든 일에 의욕이 저하된다. 둘째, 다른 사람과의 갈등은 불안, 분노, 우울 등 부정적 감정을 일으켜 생산적인 일에 사용할 에너지와 시간을 낭비하게 한다. 셋째, 아이디어와 정보는 대부분 다른 사람과의 교류를 통해 수집되므로 고립된 사람은 그만큼 손해를 보게 된다.

우리의 목표가 무엇이든지 그것을 달성하려면 반드시 협력자가 필요하다. 매상을 높이려면 고객의 협조가 따라야 하며 조직의 능률을 올리기 위해서는 동료, 상사 및 부하직원의 협력이 있어야 한다. 만일 좋은 아버지가 되고자 한다면 반드시 자녀의 협조가 뒤따라야 한다.

결론적으로 말하자면, 만족스럽고 성공적인 삶을 사는 사람들에게는 반드시 친밀한 관계의 협력자가 있다. 반면, 실패하는 삶의 이면에는 거의 항상 인간관계의 문제가 내재되어 있다. 따라서 자기가 하는 일에서 만족을 느끼지 못한다면 먼저 다른 사람과의 관계를 검토해봐야 한다. 관계를 원만하게 유지하려면 어떻게 해야 할까?

성공하기를 원한다면 성공의 비결을 배우기 전에 실패로 이끄는 행동이 무엇인지 찾아야 한다. 그리고 그 반대로 행하면 된다. 마찬가지로 좋은 관계를 원한다면 호감을 사는 비결을 배우기 전에 다른 사람들이 싫어하는 내 행동이 무엇인지를 먼저 찾아봐야 한다. 그리고 그것을 중단하면 된다. 왜냐하면 인간관계의 질은 호감이 아니라 혐오감에 의해 더 많이 좌우되기 때문이다.

관계의 문제는 대부분 커뮤니케이션 문제에서 비롯된다. 따라서 관계개선을 원한다면 관계를 해치는 커뮤니케이션의 특징이 무엇인지 살펴야 한다. 만약 어떤 사람을 적으로 만들고 싶다면 커뮤니케이션 과정에서 상대방의 자존심을 상하게 하면 된다. 이는 상대방과의 관계가 나빠지는 가장 빠른 방법이기도 하다.

인간관계를 망치는 일곱 가지 비결

● 자기 중심적으로 행동한다 : 의견이 다르거나 상대방이 실수를 하면 입장을 바꿔 생각하지 말고 일방적으로 무시하고 신랄하게 비난한다. 모든 상호작용의 문제는 같은 사물을 다르게 보는 게 당연하다는 사실을 받아들이지 않기 때문에 생긴다.

● 칭찬, 감사, 사과는 절대 하지 않는다 : 상대방이 아무리 잘해도 '칭찬' 하지 말고, 도움을 받았을 때도 '감사' 하지 말며, 내가 잘못해도 '사과' 하지 않는다. 상대방을 섭섭하고 화나게 하려면 감사하다거나 미안하다고 말하지 않으면 된다.

● 대책 없는 상대방의 약점을 잡아 인격을 비난한다 : 꼬투리를 잡을 때는 상대방의 외모나 출신배경, 학력, 수입이나 재산 등 통제할 수 없는 약점을 찾아내 인격을 통째로 비난한다.

● 말하는 도중에 끼어들고 말꼬리를 잡는다 : 대화를 할 때는 가능한 한 상대방이 말할 시간을 주지 말고, 혹시라도 말을 하게 되면 들어주기보다 말꼬리를 잡고 꼬치꼬치 따진다.

● 비난할 때는 상대방의 주변인물까지 비난한다 : 상대방 개인

의 문제점만 비난하는 것으로 부족하다 싶을 때는 그의 집안 식구나 같은 학교 출신 등 관계된 사람들을 싸잡아서 비난한다.

●부담스러워하거나 민감한 화제를 꺼낸다 : 거부감을 갖게 하려면 상대방이 부담스러워하는 화제를 갑자기 끌어내서 그가 당혹스러워하는 모습을 즐기면 된다.

●짐작해서 판단하고 다른 사람과 비교한다 : 지레짐작해서 판단하고, 상대방에게 일방적으로 요구하고, 수시로 다른 사람과 비교한다.

Think Think Think !

✤ 주변에 실력만큼 인정받지 못하는 사람이 있는가? 왜 그럴까?

✤ 인간관계의 문제가 불만족스러운 삶에 미치는 영향은 무엇일까?

✤ 내가 개선해야 할 대인관계의 핵심 문제는 무엇인가?

----

one more

I am OK, You are OK

교류분석 심리학자들은 사람들이 다른 사람들과 교류하는 방식을 네 가지로 나누고 있다. 여러분은 어디에 해당되는가?

- I am OK, You are not OK(자기긍정-타인부정)형 : 자신은 옳고 타인은 틀렸다는 생각이 지배적인 사람이다. 자신을 과대평가하는 경향이 있기 때문에 남의 이야기를 듣지 않으려 하며 상대방을 경멸하고 그의 능력을 비하한다.

- I am not OK, You are not OK(자기부정-타인부정)형 : 자신과 타인 모두를 부정적으로 생각한다. 세상에 대한 원망과 자신에 대한 불신감으로 주변사람과 자신을 파멸로 몰아간다.

- I am not OK, You are OK(자기부정-타인긍정)형 : 열등감이 많아 타인에게 가련한 모습을 보여준다. 타인은 모두 자기보다 더 나은 것처럼 생각해서 진정한 행복감이나 자긍심을 느끼기가 어렵다.

- I am OK, You are OK(자기긍정-타인긍정)형 : 자기와 타인에게서 장점과 잠재력을 발견할 수 있는 사람이다. 유머감각이 있고 누구나 소중하다고 생각해 지위 고하를 가리지 않고 모든 사람들과 좋은 관계를 유지한다.

1%만 바꿔도 인생이 달라진다

22

비판할 때도 자존심을 세워준다

얼마 전 한 백화점에서 과장급 이하 직원 372명(남자 230명, 여자 142명)을 대상으로 상사에게 듣기 싫은 말과 듣고 싶은 말들에 대한 설문조사를 실시했다.

부하직원들이 가장 듣기 싫어하는 말은 "시키면 시키는 대로 해.", "이걸 일이라고 했나?", "혼자 튀지 마, 가만히 있으면 중간이라도 가지.", "이거 확실한 거야? 근거 자료 가져와." 등 명령조나 불신을 담은 말로 조사되었다. 그리고 가장 싫어하는 상사로는 인격을 무시하는 사람(36.6%)을 꼽았다. 반면, 직원들이 상사로부터 가장 듣고 싶은 말은 "자네가 한 일이니 틀림없겠지." "자네를 믿네."

(28%) 등으로, 단순한 칭찬인 '수고했다' (26.3%)는 말보다 신뢰감을 표시하고 기를 살려주는 말을 더 듣고 싶어했다.

미움을 받고 싶다면 상대방을 신랄하게 비판하라

피드백을 주고받는 것은 조직이나 개인이 원만하게 굴러가고 발전하는 데 없어서는 안 될 중요한 작업이다.

피드백에는 긍정적인 것과 부정적인 것이 있다. 그 중 비판은 부정적인 피드백이다. 비판을 주고받는 방식은 직장에서뿐 아니라, 가정과 사회에서 만족도를 결정하는 중요한 요소이다. 비판은 관리자, 부모, 교사들이 해야 할 일 중 가장 중요한 일이면서도 한편으로는 가장 망설여지고 두려운 일이기도 하다. 왜냐하면 선의를 가지고 한 비판도 개인에 대한 인신공격으로 표현되는 경우가 많아서 잘못하면 혐오감, 경멸, 분노, 적개심 등으로 변질되어 심각한 후유증을 남길 수 있기 때문이다.

렌셀러폴리테크닉대학교의 베론 박사는 경영자들을 대상으로 감정을 이기지 못하고 인신공격성 비판을 했을 때 부하직원들이 어떤 태도를 보였는지에 대해 조사했다. 경영자들은 한결같이 격분한 상태에서 비판을 받은 직원들은 방어적인 태도를 취하거나 변명거리를 찾고 책임회피에 급급했다고 털어놓았다. 직원들은 될 수 있으면 자존심을 건드리며 질책한 상사들과는 접촉을 피하려고 했다.

설문에 응한 경영자들은 이러한 부하직원들의 반응에 불쾌한 반응을 보임으로써 조직이 더욱 악순환에 빠져든다고 했다. 베론 박사는 직원들을 대상으로 업무상의 갈등을 유발하는 요인이 무엇인지도 조사했다. 그 결과, 봉급이나 자신의 직책 및 권한보다는 상사의 부적절한 비난이 훨씬 중요한 요인으로 파악되었다.

베론 박사는 인격을 모독하는 비판이 직장 내의 인간관계에 얼마나 치명적인지를 확인하기 위해 모의실험에 착수했다. 실험에 참여한 사람들에게 새로운 샴푸의 광고문안을 만들도록 했다. 그리고 다른 피험자들에게는 광고문안을 평가하는 역할을 주었다. 평가내용은 연구자가 사전에 작성한 것으로, 한 가지는 비판의 내용이 구체적이고 자존심이 상하지 않는 내용으로 작성되었다. 또 다른 것은 매우 불쾌한 표현과 자질이 의심스럽다는 투의 자존심을 상하게 하는 평가서였다.

인격적인 모독을 담은 평가서를 받은 사람들의 반응은 어땠을까? 말할 것도 없이 이들은 흥분을 감추지 못하고 평가자에게 화를 내거나 적대감을 보였으며, 그들과는 절대로 공동작업을 하지 않을 것이며 협조하지 않겠다고 공공연히 말했다. 우리는 때때로 자신의 잘못을 발견하지만 그것은 별로 문제가 되지 않는다. 그러나 다른 사람이 우리의 잘못을 지적했을 때는 얘기가 달라지며, 문제가 심각해진다. 따라서 다른 사람들이 자기를 싫어하게 하는 가장 확실한 방법은 상대방에게 "당신은 틀렸어."라고 말하는 것이다. 인격적인 모독을 곁들이면 백발백중이다. 맞고 싶다면 먼저 때리면 되고 미움을 받고 싶다면 상대방을 신랄하게 비판하면 된다.

그럼에도 다른 사람을 비판하는 까닭

상대방의 자존심을 상하게 하는 비난이나 비판들이 여러 가지 부작용을 불러옴에도 불구하고 우리들 대부분은 비판에서 자유롭지 못하다. 거기에는 몇 가지 이유가 있다.

첫째, 비난이나 비판은 우리가 원하는 일을 이루는 데 효과적으로 이용될 수 있다. 우리는 때로 위협적으로 비난함으로써 다른 사람들을 굴복시킬 수 있다. 나중에는 그것 때문에 반격을 당할지라도 일단은 다른 사람들을 통제할 수 있다.

둘째, 당사자가 파악하지 못하고 있는 문제점을 지적함으로써 상대를 긍정적으로 변화시킬 수 있다. 자녀들이나 학생들을 교육할 때 비판은 훌륭한 교육 수단이 된다.

셋째, 다른 사람을 비판하면서 자신이 옳다고 생각할 수 있으며 스스로에 대해 만족감을 느낄 수 있다. 상대방이 얼마나 우매한지를 신랄하게 비난함으로써 상대적으로 자기가 얼마나 우월한지를 확인할 수 있다. 인간은 선천적으로 자신이 항상 옳아야 한다는 생각을 갖고 타고난 존재인지도 모른다.

넷째, 비판받는 것이 두렵기 때문에 다른 사람을 비판할 수 있다. 자신이 무가치하고 흠이 많다는 것을 인정하기 힘들 때 다른 사람을 더 많이 비판하는 경향이 있다. 따라서 타인에 대한 신랄한 비판은 자기에 대한 불만족을 위장한 방어적인 행동일 수 있다.

따끔하게 한마디 해주고 싶을 때는……

누군가를 따끔하게 혼내고 싶거나 비판하고 싶을 때가 있다. 감정을 억제하기 힘들 때, 잠깐만 시간을 내서 스스로에게 몇 가지 질문을 해보자. 그리고 답을 찾아보자.

1. 내가 비판을 해서 얻고자 하는 것이 무엇인가? 상대방의 행동을 바꾸고자 하는 것인가? 아니면 화풀이를 해서 사이가 나빠지기를 원하는 것인가?
2. 지금까지 내가 행했던 비판 방식으로 소기의 성과를 거두었는가? 아니면 부작용만 만들어냈는가? 그 이유는 무엇인가?
3. 입장을 바꿔 누군가로부터 비판을 받았을 때를 떠올려보라. 가장 효과적이었던 사례와 가장 불쾌하고 역효과를 냈던 사례는 무엇인가? 그것들의 차이점은 무엇인가?

4. 불쾌감을 최소화하면서 소기의 성과를 거둘 수 있으려면 어떤 방식으로 비판해야 할까?

효과적으로 비판하는 방법

비판의 가장 중요한 목적은 피드백을 줌으로써 상대방의 행동을 변화시키는 것이다. 그런데 많은 경우 상대방의 자존심을 건드려 오히려 부작용을 낳는다. 왜 우리는 상대방을 비판할 때 자존심을 자극하게 될까? 자존심을 건드리면 더욱 더 분발할 것이라고 믿기 때문이다. 문제는 정반대의 결과가 나올 가능성이 더 크다는 것이다. 부작용을 최소화하면서 상대방의 행동을 효과적으로 변화시키려면 다음과 같은 몇 가지 사항을 유념해야 한다.

● **분노에 찬 마음을 가라앉힌 후에 비판해야 한다** : 사람들은 화를 내면서 비판하면 더 효과적이라고 생각한다. 그러나 장기적으로는 비판하는 사람에게나 비판을 받는 사람에게나 모두 파괴적인 영향을 미칠 뿐이다.

● **비판하는 이유를 분명히 표현해야 한다** : 효과적으로 비판하기 위해서는 비판하는 이유를 상대방이 분명하게 납득할 수 있게

제시해야 한다. 이유가 분명하지 않으면 비판이 부당하다고 생각하고 받아들이지 않기 때문이다.

● 모호한 비판을 피하고 구체적으로 지적해야 한다: "이렇게밖에 못해!"처럼 모호하게 문제를 지적하면 고치기가 어렵다. 잘한 점과 잘못한 점이 무엇인지 사건과 사례를 들어 구체적으로 지적해주어야 한다.

● 가능한 한 공개적인 자리를 피해야 한다 : 공개적으로 비판을 받게 되면 구겨진 자존심을 회복하기 위해 더욱 반발하게 되는 것이 인간의 심리다. 칭찬은 공개적으로 해야 하고 비판은 은밀하게 해야 한다.

● 문제점을 지적하고 개선방향을 제시해야 한다 : 건설적인 비판이라면 문제를 지적하는 것으로 끝내서는 안 된다. "이런 점들을 이렇게 고쳐봐요."라고 해결책도 아울러 제시해야 된다. 효과적으로 비판하려면 그것을 통해 상대방이 뭔가 배울 수 있게 해야 한다.

● 인격이 아니라 행동을 비판해야 한다 : "대학 졸업자 맞아?"와 같이 상대방의 인품이나 성향을 통째로 비난하거나 모욕감을 주는 비판은 반발심만 키운다. 그보다는 문제가 되는 행위를 비판

해야 행동 변화가 쉽게 일어난다.

● 다른 사람과 비교하지 말아야 한다 : "넌 왜 동생만 못하니?", "김 과장 좀 본받아요!"처럼 문제점을 지적할 때 누군가와 비교하는 경우가 많다. 실감은 날지 몰라도 효과는 없다. 누구나 비교를 당하면 행동을 개선하려는 마음보다 반발심이 더 커지기 때문이다.

● 긍정적인 점을 먼저 거론하고 문제점을 지적해야 한다 : 문제점만 지적당하면 일단 반발부터 하는 것이 인간의 심리다. 아내가 차려주는 근사한 저녁상을 한번이라도 받아보고 싶다면 "찌개 맛이 엉망이야."라고 말하기 전에 "지난 번 잡채 맛은 일품이었어."라는 말을 먼저 해야 한다.

Think Think Think !

❖ 후배나 자녀 등 아랫사람들은 나를 어떻게 평가할까?

_____

❖ 상대방의 자존심을 해치면서 비판했던 일이 있는가? 그 결과는 어땠는가?

_____

❖ 누군가의 문제점을 지적할 때 효과적인 전달방법은?

_____

1%만 바꿔도 인생이 달라진다

역린지화 逆鱗之禍 :
상대방의 치부를 건드리지 말라

《한비자》의 '세난' 편에 군주에게 유세할 때 주의해야 할 것을 설명하면서 역린지화 逆鱗之禍라는 말을 소개하고 있다. 그 내용은 이렇게 시작된다. "용은 순한 짐승이다. 길들이면 사람이 올라타고 다닐 수도 있다. 그러나 그 목 근처에는 길이가 한 자나 되는 거꾸로 난 비늘이 있으니 이것이 역린이다. 만일 이것을 건드리는 자가 있으면 용은 반드시 그 사람을 죽여버린다. 군주에게도 이 역린이 있으니 임금에게 유세하려는 사람은 이 역린을 건드리지 말아야 한다."

비단 군주만이 역린을 가지고 있는 것이 아니다. 사람들은 누구나 나름대로의 역린을 가지고 있다. 무슨 소리를 해도 다 받아줄 것 같은 호인조차도 어떤 특정한 부분을 지적당하면 못 견뎌하고 화를 내는 경우가 있다. 그것이 그 사람의 역린이며, 요즘 말로는 그 사람의 핵심 콤플렉스이다. 다른 사람과 좋은 관계를 유지하려면 상대방이 자극받고 싶어하지 않는 민감한 부분이 무엇인지를 헤아려야 한다.

23

'미안하다'고 먼저 말한다

> 다른 사람에게 미안하다고 사과하
> 는 것만큼 주도성을 테스트하기 좋
> 은 방법은 없다.
>
> ─스티븐 R. 코비

이발사인 김모 씨는 자신의 예금통장에서 몰래 2천만 원을 인출해 처남에게 빌려준 아내와 말다툼을 벌이다 부엌칼로 아내를 찔러 숨지게 한 혐의로 구속되었다. 경찰에서 그는 "그동안 이 문제로 아내와 자주 다퉈왔는데, 그날도 아내가 사과를 하기는커녕 오히려 대드는 바람에 화가 나서 일을 저질렀다."고 말했다.

대학생 이모 씨는 잠자고 있던 아버지와 할머니를 살해한 뒤 집에 불을 질러 존속살인혐의로 구속됐다. 경찰조사에서 이씨는 "일류대학을 가지 못한 자신을 무시하고 독선적으로 대해 오래전부터 반감이 있었다."고 말했다. 나중에 그를 심층 면접한 심리학 교수는 '아버지가 미안하다는 말을 한번이라도 했더라면 그런 일이 일어나지 않았을 것'이라고 말했다.

택시 기사인 이모 씨는 우연히 자신의 택시를 탄, 30년 전 군복무 당시의 고참 박모 씨를 구타해 입건되었다. 그는 경찰에서 "박 씨가 군복무 시절에 자신을 구타했던 이야기를 듣고도 사과는커녕 욕설을 해 순간적으로 화가 치밀어 주먹질을 했다."고 말했다.

전투경찰 임모 일경은 육군병원에 입원중인 고교 동창 이모 상병을 면회 가서 흉기로 찔러 살해한 혐의로 구속됐다. 경찰에서 그는 "고교시절 이 상병에게 자주 구타를 당해 입원하는 바람에 대학에도 진학하지 못한 것이 억울해 찾아갔으나 사과를 하지 않아 화가 나서 범행을 저질렀다."고 말했다. 그동안 그는 일곱 번이나 이 상병을 면회 가서 고교시절의 폭행에 대한 사과를 요구했던 것으로 밝혀졌다.

이들 모두, 갈등의 원인이 어디에 있든 상처를 입힌 쪽에서 과오를 인정하고 사과를 했더라면 피할 수 있는 사건들이었다. anger(분노)를 내버려두면 danger(위험한 일)가 된다는 사실을 명심하자.

사랑이란 미안하다고 말할 수 있는 것

고학생 부부 올리버와 제니퍼는 어느 겨울, 전기요금 독촉장이

쌓이는 가난 속에서 심하게 다퉜다. 올리버는 집을 뛰쳐나간 제니퍼를 찾아 밤늦도록 헤매다 돌아왔다. 현관 계단에 앉아 떨고 있는 제니퍼에게 올리버가 미안하다고 말하자 제니퍼는 "사랑이란, 미안하다고 말하지 않는 거예요."라는 말로 답한다. 이 말은 여주인공의 청순함이 특히 돋보였던 영화 〈러브스토리〉를 봤던 사람들의 가슴속 깊이 각인된 명대사이다.

'사랑이란 미안하다고 말하지 않는 것', 정말 그럴듯한 말이다. 그래서 그런지 우리들 대부분, 특히 배우자나 자녀, 또는 부모와 같이 사랑하는 사람들에게 '미안하다'는 말을 하는 데 더 인색하다. 내게 상담을 받으러 왔던 어떤 부인은 남편에 대해 몹시 화가 나 있었다. "제 남편은 절대로 사과하는 법이 없어요. 누가 봐도 잘못한 것이 분명한 경우에도 그래요."

상담이 끝난 후 나는 주변의 여러 사람들에게 배우자에게 '미안하다'는 말을 얼마나 자주 하는지 물어봤다. 대부분의 경우, 부부간에 '미안하다'는 말을 거의 하지 않거나 하더라도 아주 가끔씩만 한다고 답했다. 사과를 한다고 해도 마지못해 퉁명스럽게 한다는 경우도 많았다. 우리 부부 역시 크게 다르지 않다.

세상에서 가장 완벽한 사람조차도 항상 완벽한 것은 아니다. 따라서 의도했든 안 했든 우리 모두는 때때로 실수하고, 남에게 상처를 입힌다. 그런 일들은 가까운 사람과의 관계에서 더 많이 일어난다. 그러니 누구보다도 사랑하는 사람들끼리 더 자주 사과를 해야 하지 않을까?

　내 경우를 돌이켜보건대, 부부싸움의 심각성 정도에는 누가 얼마나 잘못했는가보다는 진실한 사과 여부가 훨씬 더 중요한 요인으로 작용했다. 사람들은 상대방의 잘못보다는 그 잘못에 대해 사과할 줄 모르는 태도에 더 분노하는 경향이 있기 때문이다. 따라서 '미안하다'는 말은 사랑하는 사람들끼리 주고받아야 할 가장 중요한 말 중 하나이다.

　사실 영화 〈러브스토리〉에서도 올리버가 먼저 '미안하다'는 말을 하지 않았더라면 '사랑이란 미안하다고 말하지 않는 것'이라는 대사 역시 존재할 수 없었을 것이다.

'사과', 그것이 말처럼 쉽지 않은 까닭

　우호적이고 신뢰할 수 있는 관계 유지에 무엇보다 중요한 것은 잘못을 인정하고 사과하는 태도이다. 문제는 자기가 먼저 사과하는 것이 말처럼 쉽지 않다는 것이다.

　대부분의 경우, 인간관계에 문제가 생겼을 때 상대방에게 가장 듣고 싶은 것은 사과이며 가장 듣기 싫은 것은 변명일 것이다. 하지만 우리가 상대방에게 가장 많이 들려주는 말은 변명이고 가장 적게 들려주는 말은 사과이다. 왜 그럴까? 그것은 우리가 마음속

에 두 개의 저울을 갖고 있으며 자신과 다른 사람을 달 때 각기 다른 저울을 사용하기 때문이다. 다른 사람을 달 때는 인색한 저울을 사용하고, 자신을 달 때는 넉넉한 저울을 사용한다.

사람들은 사과를 하는 것이 자신의 과오를 인정하는 것이고, 과오를 인정하면 상대방에게 지는 것이라고 생각한다. 즉, 사람들이 사과를 하지 못하는 가장 큰 이유는 지기 싫어서, 다시 말하면 자존심을 잃고 싶지 않기 때문이다. 따라서 심리학적으로 볼 때 사과를 못하는 사람들은 자존심이 부족한 사람들이라고 할 수 있다. 내적인 안정감과 자신감이 없는 사람은 결코 먼저 사과할 수 없다.

사과를 하지 못하는 또 다른 이유는 그로 인한 정신적·물질적 부담을 져야 한다고 생각하기 때문이다. 과오를 인정하고 사과를

1%만 바꿔도 인생이 달라진다

하게 되면 그에 대한 응분의 보상을 해야 한다는 부담을 갖게 된다. 예컨대, 교통사고를 낸 다음 과오를 인정하면 물질적 보상을 포함해 여러 가지 부담을 각오해야 한다. 인간관계에서도 사과를 하게 되면 상대방에게 뭔가 보상을 해주어야 한다는 심리적 부담을 갖게 된다.

우리가 사과에 익숙하지 않은 또 다른 이유는 성장과정에서 받은 교육 때문이다. 가정과 학교, 사회는 우리에게 완벽함을 요구하면서 긍정적인 측면보다는 실수나 과오에 더욱 민감하게 반응한다. 많은 자녀들이 학교나 가정에서 잘한 일에 대한 칭찬보다는 잘못한 일에 대한 처벌에 길들여지면서 양육된다. 따라서 과오를 인정하면 처벌을 받을 수도 있다고 생각하기 때문에 웬만해서는 사과를 하지 못한다.

또 다른 이유는 성장과정에서 사과하는 태도를 보고 배우지 못했기 때문이다. 부모나 어른들에게서 적절하게 사과하는 방법을 보고 배우지 못하면, 잘못을 인정할 때조차도 어색하거나 쑥스러워서 사과를 하지 못한다.

우리는 자존심을 유지하기 위해, 정신적·물질적 부담을 피하기 위해, 실수를 인정하고 싶지 않아서, 또는 쑥스럽고 어색해서 사과를 하지 않는다. 대신 문제가 생겼을 때는 손실을 최소한으로 줄이기 위해 방어적인 태도를 취한다. 전형적인 방어적 행동에는 다음과 같은 네 가지가 있다.

첫째, 과오 자체를 부정하는 것이다. 예컨대, 뇌물을 수수한 정치인들이 '사실무근'이라고 발뺌을 하는 경우이다. 둘째, 잘못된 행동은 인정하지만 원인 제공은 상대방이 했다고 자신의 잘못을 정당화한다. 예컨대 부부싸움을 할 때 '화를 낸 것은 잘못이지만 그것은 당신 때문'이라고 말하는 것이다. 셋째, 행동에 따른 피해는 인정하지만 자기 탓이 아니라고 핑계를 대는 변명이다. 약속에 늦은 사람이 '길이 막혀서'라고 이유를 대면서 책임을 회피하는 것이 여기에 해당된다. 넷째, 잘못을 인정하면서도 사과하는 것이 어색해서 농담으로 처리해 상황을 더 악화시키는 경우도 있다. 예를 들면, "삐졌어?", "밴댕이처럼……." 등으로 적당히 무마하려고 하지만 많은 경우에 이런 태도는 상대방을 더욱 화나게 할 뿐이다.

부정, 정당화, 변명 모두 손실을 최소화할 수 있는 효과가 있다. 그러나 자신의 과오에 책임을 지고 진실하게 사과하지 않으면 어떤 관계에서나 치명적인 손실을 초래한다. 왜냐하면 관계는 신뢰감에 근거하며, 신뢰감은 책임감에 근거해서 형성되기 때문이다.

사과를 통해 얻을 수 있는 것

나빠진 관계를 회복시킬 수 있는 방법 중 가장 효과적인 것은 누군가가 먼저 사과하는 것이다. 문제는 내가 먼저 사과하는 것이 생각처럼 쉽지 않다는 것이다. 사과하는 습관을 몸에 배게 하려면 먼저 그것을 통해 우리가 얻을 수 있는 것이 무엇인지를 찾아봐야 한다.

'사과'라는 의미의 'apology'는 원래 그리스어 'apologia'에서 유래했으며, 이 말은 'apo(떨어지다)'와 'logos(말)'가 합쳐진 단어로 '죄로부터 떨어지기 위한 말'이라는 의미를 갖고 있다고 한다. 사과를 통해 얻을 수 있는 이점 중 하나는 그것이 죄책감을 덜어준다는 것이다.

사과는 두 사람의 관계를 더 돈독하게 해준다. 금실이 좋은 부부들을 보면 그들 역시 결코 완벽한 사람들이 아니다. 하지만 그들은 예외 없이 사소한 일에도, 심지어는 자기의 잘못이 명백하지 않은 경우조차도 거리낌없이 미안하다고 말한다. 그들은 사과하고 화해하는 과정에서 더 친해진다고 입을 모은다. "비 온 뒤에 땅이 굳는다"는 말은 이런 경우에도 적용된다.

얼마 전 차를 몰고 아내와 집 근처 할인매장으로 가는 길에서 있었던 일이다. 어둑어둑해진 데다 비까지 내려 뒤에서 달려오는 버스를 확인하지 못하고 차선을 바꿨다. 그 순간, 뒤에서 급브레이크 밟는 소리와 함께 버스의 경적소리가 들려왔다. 곧이어 나보다 훨씬 젊어 보이는 버스 기사는 내 차를 앞질러 차를 세운 다음 내 차로 다가와 눈을 부릅뜨고 소리를 질렀다. "죽으려고 환장했어!"

나는 무조건 사과했다. "정말 죄송합니다. 미처 확인을 못하고 차
선을 바꿨습니다." 그러자 그는 곧바로 뒤돌아서 자기 차로 돌아
갔다. 만약 내가 즉각 사과를 하지 않고 버릇없는 태도부터 나무랐
다면 큰 낭패를 봤을지도 모른다.

동물행태학자 데스몬드 모리스는 원숭이들이 패배를 인정하는
포즈를 취하는 상대방에게는 공격을 거두어들인다는 사실을 관찰
했다. 인간의 경우도 잘못을 인정하고 백기를 든 상대방을 끝까지
공격하기는 어렵다. 보복 제거 효과를 고려해서라도 사과는 망설
이지 말고 즉시 해야 한다.

진정한 사과에는 인정, 사과, 보상이라는 세 가지 요소가 포함되
어야 한다. 첫째, 자기가 저지른 잘못과 상대방이 입은 손실이나
상처를 인정한다. 둘째, 상대방이 납득할 수 있는 방식으로 진솔하
게 사과한다. 셋째, 정신적이든 물질적이든 그에 상응하는 보상을
한다.

이왕 할 사과라면 공개적으로……

심리학자 오부치는 잘못을 저지른 다음 사과 여부와 사과 방식
이 상대방의 감정에 미치는 영향을 실험적으로 확인했다. 실험조
수의 잘못으로 불이익을 받게 된 참여자들은 각각 다음과 같이 네

가지 조건에 노출되었다.

첫째, 조수가 다른 참여자들이 모두 참석한 자리에서 공개적으로 자기의 잘못을 인정하고 사과한 조건(공적 사과). 둘째, 사과를 하기는 했지만 개인적으로만 사과한 조건(사적 사과). 셋째, 전혀 사과하지 않은 조건. 넷째, 실험조수는 사과를 하지 않았지만 평가자가 실험조수의 실수라고 말해준 조건.

이러한 과정을 마친 후, 참여자들은 실험조수의 자질, 자신의 감정 및 실험조수에 대한 분노감 등을 평가했다. 예상했던 대로 사과를 받은 참여자들은 사과를 받지 못한 경우에 비해 실험조수를 더 긍정적으로 평가했으며 불쾌감과 분노감도 적게 경험했다. 여러 사람들 앞에서 공개적으로 사과를 받았던 공적 사과 조건의 참여자들이 실험조수를 가장 긍정적으로 평가했으며 불쾌감과 분노감도 제일 적게 경험했다. 따라서 이왕 사과를 하려면 공개적으로 하는 것이 더 좋다.

변명은 나중에 하고 일단 사과부터 먼저 하라

개인적인 관계뿐 아니라 비즈니스 세계나 정치계에서도 잘못이 있으면 무엇보다 먼저 실책을 인정하고 사과할 수 있어야 한다. 그것도 가능한 한 빨리 해야 한다. 기업이 잘못을 저질렀을 때 변명보다는 즉각 실수를 인정하고 사과함으로써 위기를 탈출한 사례도 많다.

일례로, 세계적인 정유업체인 쉘은 북해에 정유시설을 폐기하려다 환경단체인 그린피스와 세계 각국의 격렬한 항의와 불매운동에 몸살을 앓았다. 그러자 쉘은 〈다시는 그런 일이 없도록 하겠습니다〉라는 제목의 사과 성명을 각 언론매체에 대대적으로 게재했다. 독일의 한 신문의 설문조사에 따르면 쉘의 광고를 본 독자 가운데 60퍼센트가 긍정적으로 평가했으며 47퍼센트는 '기업의 신뢰성을 확인할 수 있었다' 는 호의적인 반응을 보였다.

컴퓨터 계산 프로그램의 오류 때문에 휴일의 할인요금을 비싼 평일 낮의 일반요금으로 잘못 계산해 고객들의 거센 항의를 받았던 도이치텔레콤 역시 〈잘못했습니다〉라는 사과 성명을 발표했다. 첫 번째 사죄광고가 나간 뒤 고객들의 항의전화가 눈에 띄게 줄어들었고 광고가 거듭되면서 고객들의 신뢰를 다시 회복했다.

정치계에서도 마찬가지이다. 잘못이 있으면 빨리 인정하고 사과해야 한다. 시간을 끌수록 문제의 심각성이 커지기 때문이다. 워터게이트 사건이 터졌을 때 닉슨은 사건을 은폐하고 무마하기에 급급했다. 그래서 결국 대통령직에서 물러나고 말았다. 하지만 케네디 대통령은 달랐다. 그는 피그만 침공이 실패로 돌아갔을 때 어떻게 했을까?

텔레비전 성명을 통해 공개적으로 피그만 침공이 자신의 잘못

임을 인정했다. "제 실책입니다. 저희가 피그만을 공격했습니다. 질문 있습니까?" 그 결과 그는 곤경에서 벗어났다. 그것뿐이었을까? 그는 사과를 통해 자신의 입지를 한층 강화할 수 있었으며, 지금까지도 미국인들뿐 아니라 전 세계의 많은 사람들에게 가장 존경받는 대통령 중 한 사람으로 남아 있다.

　법정에서도 잘못을 저질렀지만 일찌감치 자백을 한 사람은 증거 확인 후 마지못해 자백하는 사람에 비해 가벼운 처벌을 받는다. 잘못을 발견하면 그로 인해 손해를 입거나 상처를 받는 사람에게 가능한 한 빨리 알리고 사과하고 도움을 청해야 한다. 그것이 가장 효과적이다. 그리고 정말 본의 아니게 실수할 경우에는 실수한 이유를 설명해주어야 한다. 그렇지만 "자동차가 펑크났어."라고 늦어진 이유를 설명하기 전에 "많이 기다렸지? 정말 미안해."라고 사과부터 해야 한다.

누군가의 감정을 상하게 하고도 사과를 하기 전에 변명을 하거나 핑계부터 댄다면 상대방으로부터 최악의 점수를 받게 된다. 사과는 때를 놓치면 기회를 잡기 힘들다. 누군가에게 사과할 일이 있다면 이미 시기를 놓쳤다고 변명하지 말고 지금이라도 사과하자. 오늘 저녁 잠자리에 들기 전에 그동안 상처를 입혔던 누군가에게 진심으로 사과하는 한 통의 편지를 써보는 것은 어떨까?

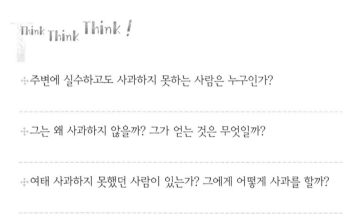

Think Think Think !

❖ 주변에 실수하고도 사과하지 못하는 사람은 누구인가?

❖ 그는 왜 사과하지 않을까? 그가 얻는 것은 무엇일까?

❖ 여태 사과하지 못했던 사람이 있는가? 그에게 어떻게 사과를 할까?

1%만 바꿔도 인생이 달라진다

효과적인 사과 요령

- **시기를 놓치지 말고 가능한 한 빨리 하라** : 사과는 가능한 한 빨리 하는 것이 좋다. 그러나 상대방이 사과를 받아들일 수 없을 정도로 흥분한 상태라면 잠시 시간이 지난 다음에 하는 것이 좋다.

- **잘못과 책임을 확실히 인정하라** : 사과를 할 때는 진지하게 자신의 과오와 책임을 인정해야 한다. 비아냥거리면서 마지못해 사과를 하거나 변명부터 앞세우는 것은 오히려 역효과를 낸다.

- **조건을 달지 말고 사과하라** : 나만의 잘못은 아니라거나 상대방이 사과를 하면 나도 사과하겠다는 투의 조건부 사과 역시 효과가 없다. 사과를 할 때는 조건을 달지 말아야 한다.

- **상대방의 감정에 공감을 표시하라** : 단지 '미안하다'는 사과만 하는 것보다는 상대방의 입장에서 그가 겪는 불쾌한 감정을 충분히 이해하고 표현할 때 효과가 크다.

- **재발 방지를 약속하라** : 사과를 통해 상대방의 이해를 구하려면 자신의 잘못을 인정할 뿐 아니라 재발 방지를 약속해야 더 효과적이다.

- **가까운 사람부터, 사소한 일부터 사과하라** : 사과하는 습관을 들이려면 가까운 사람들에게 먼저 시도해야 한다. 그리고 중대한 실수뿐 아니라 사소한 실수를 했을 때도 반드시 사과하는 습관을 길러야 한다.

24

사촌이 땅을 사면 점심을 대접한다

질투나 분노는 다른 사람을 해치지
않는다. 다만 당신을 해친다.
― 컬린 터너

언젠가 한 신문에서 기업의 중견간부들을 대상으로 한 설문조사 결과를 보도했다. 그 중 '직장생활에서 가장 괴로울 때는 언제입니까?' 라는 질문에 98퍼센트의 사람들이 '입사동기가 먼저 승진했을 때' 라고 응답했다. 가까운 동료가 승진을 하면 그 앞에서는 누구나 축하를 해줄 것이다. 하지만 돌아서면 얘기가 달라진다. 우리들 중 '나는 아니다' 라고 자신 있게 말할 수 있는 사람은 과연 몇이나 될까?

내가 가르치는 과목 중에 〈인간의 동기와 정서〉라는 과목이 있다. 그 과목을 수강하는 학생들에게 친구들과 지내면서 겉으로

드러내지는 못하지만 은근히 속상했던 경험들을 적게 했더니 이와 유사한 내용들이 많았다. 몇 가지 예를 들어보면 다음과 같다.

- 캠퍼스 커플을 보면 왠지 방해하고 싶다.
- 동기생이 장학금을 받으면 속으로는 부아가 난다.
- 헤어진 이성친구에게 파트너가 생기면 은근히 화가 난다.
- 교수가 내 친구를 칭찬하면 교수뿐 아니라 친구도 싫어진다.
- 예쁜 친구를 보면 어디 뜯어고친 데는 없는지부터 살핀다.
- 부자 부모를 둔 친구들은 왠지 기분이 나쁘다.
- 좋은 신발을 신고 있는 친구를 보면 괜히 발을 밟고 싶다.
- 잘 나가는 친구가 실수하면 속으로 쾌재를 부른다.
- 친구가 파트너와 사이가 안 좋다고 말하면 은근히 기분이 좋다.

"사촌이 땅을 사면 배가 아프다"는 속담이 있다. 이는 주변에 있는 어떤 사람이 잘되면 기쁜 마음으로 축하를 하기보다는 오히려 기분이 나빠지는 것이 인간의 보편적인 심리임을 반영한다.

홉스는 《시민론》에서 "인간이 진정한 기쁨을 느낄 수 있는 것은 다른 사람과 비교해 자신이 훨씬 우월하다고 생각하기 때문이다."라고 했다. 나는 이 말을 이렇게 바꿔 말하고 싶다. "인간이 비애를 느끼는 것은 다른 사람이 자신보다 더 많이 갖고 있다고 생각하기 때문이다."

사촌이 땅을 사면 배가 아플 수밖에 없는 까닭

'속상해 죽겠다', '속이 뒤집힌다', '비위(비장과 위장)가 상한 다', '밥맛 떨어진다', '구역질난다' 등과 같은 표현들은 모두 소화기관과 관련된 것으로 부정적인 감정상태를 나타내는 말들이다. 이는 감정상태와 소화기관이 밀접하게 관련되어 있음을 의미한다. 그런데 사촌이 땅을 사면 기분만 나쁜 것이 아니라 정말로 배가 아플 수도 있을까? 답부터 말하자면 '그렇다' 이다.

스트레스 분야의 대가인 한스 셀리 박사는 동물들에게 스트레스를 주면 위궤양이 나타남을 관찰하였다. 놀라거나 우울하거나 불쾌하면 자율신경계의 교감신경이 흥분해서 침 분비를 감소시키고 위의 내벽에 염산과 여러 효소들의 분비를 증가시킨다. 대신 위장의 운동은 감소시켜 소화가 안 되고 속이 더부룩해질 수 있다. 또한 스트레스가 만성적으로 지속되면 염산 등의 소화액이 분비되면서 혈류가 감소하기 때문에 위벽이 손상되어 위궤양이 발생한다.

지속적인 스트레스는 위장뿐 아니라 장의 연동운동도 변화시켜 설사나 변비를 일으킨다. 대장과 소장의 운동이 너무 빨라지면 수분이 정상적으로 흡수되지 않아 설사를 하게 된다. 반면 내장운동이 너무 느려서 지나치게 수분이 많이 흡수되면 변비가 생긴다.

스트레스와 생리적 반응 간의 관계를 주로 연구했던 웨이스 박사는 동물들도 스트레스를 받으면 위궤양에 걸릴 수 있으며, 특히 상황을 통제할 수 없다고 생각할 때 더 심해진다는 사실을 확인했다. 그는 묶어놓은 쥐의 꼬리에 전기 쇼크를 가해 스트레스를 주었다. 첫 번째 쥐는 코앞에 있는 바퀴를 건드리기만 하면 전기 쇼크를 중지시킬 수 있었다. 두 번째 쥐는 첫 번째 쥐와 전선이 연결되어 있어서 첫 번째 쥐가 전기 쇼크를 받을 때는 항상 전기 쇼크를 받아야만 했다. 세 번째 쥐는 전기 쇼크를 받지 않았다.

몇 번의 실험을 끝낸 다음 쥐들의 궤양 여부를 검사했다. 쇼크를 받지 않은 쥐들에게서는 궤양이 관찰되지 않았다. 쇼크를 스스로 조절할 수 있었던 첫 번째 쥐들에게서는 평균직경 1밀리미터의 궤양이 관찰되었다. 반면 쇼크를 조절할 수 없었던 두 번째 쥐들에게서는 2밀리미터 이상의 궤양이 관찰되었다.

왜 하필이면 사촌일까

1촌도 아니고 2촌도 아니고, 사돈의 팔촌도 아니고, 왜 하필이면 4촌일까? 1촌인 아버지가 승진했다고 배가 아픈 이들이 있을까? 딸이 장학금을 받았다고 속상해하는 엄마가 있을까? 있다면 그건 친자식이나 친부모가 아닐 것이다.

그렇다면 삼성의 이건희 회장이 최고의 부자라고 해서 기분이 나쁠까? 평생 동안 안 먹고 안 입고 모아도 타이거 우즈의 1년 연봉만 못하다고 소화가 안 될까? 그렇지는 않을 것이다. 그런데 절친하게 지내는 입사동기가 나보다 먼저 승진을 한다면? 친했던 여고동창이 시집을 잘 가서 으리으리한 집에서 호강을 한다면? 게다가 평소에 그를 별 볼일이 없다거나 자신보다 못한 사람이라고 생각했다면? 그렇다면 매우 심각한 소화 장애를 초래할 수 있다.

이는 부모자식 간처럼 아주 가까운 사이나 자기와는 전혀 상관없는 사람에게는 시기심을 느끼지 않는다는 것을 의미한다. 또한 가깝고도 먼 사이인 경쟁상대가 될 만한 사람이 잘됐을 때만 시기심을 느낀다는 말이기도 하다. 왜 그럴까?

사람들은 자신의 자존감과 가치를 판단하기 위해 항상 누군가와 비교를 한다. 비교 대상은 주로 주변에 있는 가까운 사람이거나 배경이 비슷한 사람이 된다. 마라톤 경기에서 경쟁 대상은 언제나 함께 출전한 선수들로 한정짓는 것과 같은 이치이다. 자신의 기록과는 상관없이 누군가가 자신보다 빨리 달린다면 패자가 되고, 아무도 자신을 따라잡지 못한다면 승자가 된다.

사람들이 다른 사람과 비교해서 자신의 득실을 계산하는 과정을 설명하는 경제학 용어로, '제로섬게임 Zero Sum Game'이라는 말이 있다. 이는 한정된 자원을 나눠 가질 때 한 사람이 차지하는 몫이 커지면, 다른 사람의 몫은 그만큼 줄어드는 현상을 말한다. 제로섬게임에 따르면 다른 사람의 득은 곧 자신의 손실이 된다. 그래서 내 집과 땅은 그대로 있건만 다른 사람의 집이 넓어지면 내 집이 좁아 보이고, 사촌이 땅을 사면 배가 아프게 된다.

제로섬게임의 사고방식에 따르면, 경쟁상황에서 자신의 가치나 자존감을 높이거나 유지할 수 있는 또 다른 방법이 있다. 그것은 상대방을 깎아내림으로써 반사이득을 취하는 것이다. 그래서 우리는 유능한 친구가 실패하거나 잉꼬부부로 소문난 친구가 부부싸움을 했다는 소식을 들으면 겉으로는 위로하는 척하면서 내심 '깨소금 맛'이라고 고소해한다.

이러한 시기심은 정말 나쁜 것일까? 나는 시기심 자체가 나쁘다고는 생각하지 않는다. 왜냐하면 그것은 인간의 원초적인 본능이기 때문이다. 시기심이 나쁜 경우는 자신과 타인에게 나쁘게 작용할 때이며, 이런 감정은 나쁜 방향으로 작용하는 경우가 많다. 불행한 사람은 가지고 있지 않은 것을 흠모하고, 행복한 사람은 가지고 있는 것을 사랑한다.

땅을 산 사촌에게는 오히려 점심을 사주자

시기심은 자신만이 소유해야 한다고 생각하는 지위, 재산, 명예, 사상 능을 나른 사람이 갖고 있을 때 느끼는 부정적 감정이다.

시기심은 크게 네 가지 유형으로 나뉜다. 첫째, 적대적인 시기심이다. 이는 자신이 소유하기를 갈망하는 것을 타인이 소유했다는 사실에 적대감을 갖는 것이다. 둘째, 우울한 시기심이다. 이는 상대방이 정당하게 소유했다는 것을 인정하지만, 자신에게는 그것을 소유할 수 있는 능력이 없다고 판단될 때 느끼는 감정이다. 셋째, 분노에 찬 시기심이다. 이는 상대방이 정당하지 못한 방법으로 소유했다고 판단될 때 느끼는 감정이다. 넷째, 야심에 찬 시기심이다. 이는 상대방이 소유한 것을 인정하면서 자신 역시 그렇게 될 수 있다고 생각하며 노력하는 것이다.

앞의 세 가지 시기심은 모두 부정적으로 작용할 수 있는 것들이다. 하지만 네 번째 유형은 상대방을 적대시하거나 스스로 우울증에 빠지게 하거나 분노하지 않게 만드는 유일한 시기심이다.

성공하는 사람과 실패하는 사람은 각기 다른 방식으로 생각하고 다른 방식으로 행동한다. 성공하는 사람은 자기보다 우월한 사람을 보면 그가 갖고 있는 장점이 무엇인지를 찾아 그것을 배우려고 애쓴다. 그러나 실패하는 사람은 자기보다 우월한 사람을 무조건 시기하고 그의 결점부터 찾는다. 그들은 배우려고 하기보다는 상대방을 깎아 내리는 데 더 많은 에너지를 소모한다.

인간은 항상 자신이 더 많이 가져야 한다는 생각을 타고난 존재인지도 모른다. 문제는 남이 갖고 있는 것을 시기하는 것으로는 결코 행복을 느낄 수 없다는 것이다. 하지만 그 상황에서도 행복해질 수 있는 길이 있다. 관심의 초점을 자신이 소유하고 있는 것에 돌리고 다른 사람이 뭔가를 얻게 된 과정을 배우려고 하는 자세를 취하는 것이다.

어떤 상황이든지 우리에게 배울 수 있는 기회를 제공한다. 그 기회를 자신의 강점을 계발하고 발전시키는 데 이용할 수 있는지 여부는 전적으로 자신에게 달려 있다. 장기적인 보상은 항상 단기적인 이기주의를 포기함으로써 이루어진다. 그래서 크게 성공한 사람들은 제로섬게임이라는 함정에 빠져들지 않는다.

입사동기가 나보다 먼저 승진해서 상사가 되었다고 치자. 그러면 많은 사람들은 승진인사가 부당하다고 불평하거나 그가 시키는 일을 하지 않고 늑장을 부린다거나 그를 난처하게 만든다거나 뒤에서 그 사람의 험담을 하는 등 부적절하게 행동하고 싶은 유혹을 느낄 것이다.

그런데 과연 이런 행동들이 우리에게 도움이 될까? 보다 현명한 태도는 무엇일까? 우리를 배 아프게 한 사람이 있다면 스스로에게 다음과 같은 질문을 던지면서 해답을 찾아야 한다.

1. 시기하는 것이 장기적으로 내게 도움이 되는가?
2. 그들을 보면서 배우게 된 가장 중요한 교훈은?
3. 그들이 겪었던 장애물과 그것을 극복했던 전략은?
4. 그들이 수집한 아이디어와 그것들의 출처는?
5. 지금부터 내가 변화시켜야 할 태도와 행동은?

우리의 삶을 더 발전시키는 방법 중 가장 효과적인 것은 이미 성공한 사람들을 존중하고 그들의 삶을 본뜨는 것이다. 그렇게 함으로써 많은 시행착오를 거치지 않고 성공의 비결을 배울 수 있다. 영국 속담에 "부자가 되려면 부자에게 점심을 사라"는 말이 있다.

부자를 시기하지 말고 오히려 점심을 사라는 이 말은 과연 무엇을 의미할까? 상대방을 대접하고 그들에게서 뭔가 배우려고 해야 한다는 말이다. 그리고 앞서 간 사람들을 대접하면 그들은 대개 많은 것을 우리에게 가르쳐준다. 그러니 땅을 산 사촌이 있다면 자존심일랑 접어두고 진심으로 축하해주자. 그리고 "한턱 내라."라고 말하기보다는 축하의 뜻으로 점심을 사겠다고 제안하자.

Think Think **Think** *!*

❖ 주변에 나를 배 아프게 한 사람이 있는가?

❖ 그를 보고 얻은 가장 중요한 교훈은 무엇인가?

❖ 나는 어떻게 태도를 바꿔야 하는가?

1%만 바꿔도 인생이 달라진다

사흘만 볼 수 있다면

헬렌 켈러가 어느 날 방금 숲 속을 산책하고 돌아온 친구에게 "무엇을 보았느냐?"라고 물었는데 그 친구는 "별로 특별한 것이 없었다."라고 말했다. 그녀는 친구를 도저히 이해할 수 없었다. 그러면서 "내가 사는 동안 유일한 소망이 하나 있다면 그것은 죽기 전에 꼭 사흘 동안만 눈을 뜨고 세상을 보는 것이다."라고 말한다. 그리고 그 사흘 동안의 계획을 세웠다.

- 첫날 : 눈을 뜨고 볼 수 있는 첫 순간 나를 어둠에서 구해준 설리반 선생님을 찾아갈 것이다. 손끝으로 만져서 알던 그녀의 인자한 얼굴과 아름다운 몸매를 몇 시간이고 물끄러미 바라보면서 그 모습을 마음속 깊이 간직할 것이다.

- 둘째 날 : 동트기 전에 일어나서 밤이 낮으로 바뀌는 가슴 설레는 기적을 바라볼 것이다. 낮에는 박물관과 미술관을 둘러보고 밤에는 영화관이나 극장에 가고 싶다. 또 영롱하게 빛나는 밤하늘의 별을 볼 것이다.

- 셋째 날 : 일찍 큰길로 나가 부지런히 출근하는 사람들의 활기찬 표정을 보고 싶다. 눈을 감아야 할 마지막 순간에는 이 사흘만이라도 눈을 뜨고 볼 수 있게 해준 하느님께 감사의 기도를 드리고 영원히 어둠의 세계로 돌아가겠다.

이미 소유하고 있는 것에 감사하고 그것을 더 진지하게 사용한다면 우리는 지금보다 훨씬 많은 행복을 느끼게 될 것이다.

25

끝은 단지 새로운 시작일 뿐이다

끝나는 곳이 바로 우리가 출발할
지점이다.

— T.S. 엘리엇

얼마 전 차의 엔진오일을 갈기 위해 동네 카센터에 들렀을 때의 일이다. 며칠 전부터 자동차의 소음이 심해졌다고 말하자, 정비사가 여기저기를 들여다보았다. 한참을 들여다보더니 벨트에 문제가 있는 것 같다고 하면서 두 가지 해결방법이 있다고 말해주었다. 하나는 벨트를 교환하는 것이고 또 하나는 장력을 조정해주는 것이라며 두 가지의 장단점을 자세히 설명해주었다.

당장 급하게 수리해야 하는 것도 아닌 것 같고 시간도 별로 없어서 나중에 고치기로 마음을 먹었다. 며칠 후 내가 타던 자동차 회사에서 학교로 순회 서비스를 나왔고, 나는 차를 가지고 가서 소음

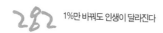

문제를 얘기했다. 엔진룸을 열어본 나이가 지긋한 정비사는 정비 공장에 들어가야 고칠 수 있다고 한마디로 잘라 말했다.

그래서 나는 그에게 동네 카센터에서는 벨트의 장력을 조정하면 된다고 하더라고 말했다. 그 정비사의 반응은 어땠을까? 그는 못마땅하다는 표정을 지으면서 퉁명스럽게 한마디 던졌다. "그럼 그쪽으로 가세요!" 그의 태도는 '당신 없이도 얼마든지 먹고살 수 있다' 는 투였다. 나는 그의 말대로 동네 카센터에서 차를 고쳤다. 그리고 얼마 지나지 않아 차를 바꿨다. 말할 것도 없이 그 정비사가 근무하는 회사의 차는 아니었다.

팔 때 다르고 수리할 때 다르다

그가 자동차를 파는 세일즈맨이며, 차를 팔아야 할 때라면 내게 그렇게 대했을까? 아닐 것이다. 그는 내가 이미 자기 회사의 자동차를 구입한 사람이기 때문에 그렇게 무례한 태도를 보였을 것이다. 실상 많은 회사의 직원들은 제품을 팔 때와 반품이나 애프터서비스를 원할 때 고객을 대하는 태도가 판이하게 다르다. 왜냐하면 일단 팔고 난 다음에는 그 고객이 회사의 매출에 도움이 되지 않는다고 생각하기 때문이다. 어쩌면 그런 고객들은 귀찮은 존재일 뿐 아니라 자신과 회사에 손실을 입힌다고 생각할지도 모른다.

그렇지만 이런 생각은 완전히 잘못된 생각이다. 직원들의 태도
가 고객들로 하여금 특정 회사에 등을 돌리도록 하는 데 어느 정도
의 영향을 미칠까? 고객들이 특정 회사와 거래를 중단하는 이유
를 조사한 한 연구 결과는 고객을 대하는 직원들의 태도가 얼마나
중요한지를 여실히 보여준다.

- 고객의 사망   1%
- 특별한 이유 없이 다른 기업의 제품을 구매   3%

1%만 바꿔도 인생이 달라진다

- 친지의 권유나 영향을 받아 다른 기업의 제품을 구매   5%
- 경쟁업체의 제품이나 구입 조건이 좋아서   9%
- 구입한 제품에 대한 불만 때문에   14%

지금까지 제시한 이유를 모두 합쳐도 32퍼센트에 불과하다. 그렇다면 특정 회사와 거래를 끊게 되는 나머지 68퍼센트는 무슨 이유 때문일까? 이 조사 결과에 따르면 그것은 '직원들의 태도'였다.

직원들의 태도에 불만을 가진 고객들은 그 회사의 제품을 구입하지 않는 것으로 끝을 낼까? 천만의 말씀이다. 그들은 주변사람들에게 자기가 당한 일들을 떠들고 다닐 것이다. 그리고 다른 사람들에게도 그 회사의 제품을 구입하지 말라고 권유할 것이다. 어쩌면 도시락을 싸들고 다니면서 말릴지도 모른다. 특정 회사의 발전 가능성은 제품을 구입하고 난 후 반품이나 수리를 맡길 때 종업원들이 보이는 태도로 상당 부분 판가름된다.

불만을 가진 고객들이 새로운 예비고객들에게 얼마나 막강한 영향을 미치는지에 대한 조사 결과도 있다. 조사 결과에 따르면 불만을 갖고 있는 한 명의 고객은 대략 열 명 정도의 예비고객에게 그 회사의 제품에 대한 불평을 털어놓는다고 한다. 또한 불만을 가진 고객 다섯 명 중 한 명이 스무 명에게 똑같은 불만을 전파하는 것으로 나타났다. 결론적으로 말하면 열 명의 불만을 가진 고객들은 무려 약 백이십 명이나 되는 예비고객들에게 불만을 전염시키게 된다. 그렇기 때문에 제품을 팔 때보다 팔고난 다음 불만을 갖고 있는 고객을 대하는 태도가 훨씬 더 중요하다.

단골고객이 수익의 84퍼센트를 올려준다

한 연구 결과에 따르면, 특정 회사 고객의 26퍼센트를 차지하고 있는 단골고객들이 그 회사 전체 수익의 84퍼센트를 올려준다고 한다. 이는 신규고객의 확보보다는 단골고객에 대한 사후관리가 이윤을 창출하는 데 훨씬 더 중요하다는 것을 의미한다. 그래서 유능한 경영자들은 고객들을 단골로 만드는 일을 가장 능력 있는 사람들에게 맡긴다.

얼마 전, 자동차 회사 영업사원들을 대상으로 특강을 하면서 참석자들에게 이런 질문을 한 적이 있다. "자동차를 팔고 난 후 고객에게 불편한 점이나 도움이 필요한 것은 없는지에 대해 주기적으로 확인하는 분이 있으면 손을 들어주시겠습니까?" 아무도 손을 들지 않았다. 쑥스러워서 그랬는지도 모르겠지만, 이는 사후관리에 신경을 쓰는 사람들이 의외로 많지 않다는 사실을 나타낸다. 그래서 내 경험을 소개하면서 고객에 대한 사후관리가 얼마나 중요한지를 설명해주었다.

나는 지금까지 차를 세 번 바꾸었는데 세 대의 자동차 모두 서로 다른 세 명의 세일즈맨에게 구입했다. 그 세 사람은 하나같이 차를 구입하기 전에는 틈만 나면 전화를 하고 연구실 문턱이 닳도록 찾아왔다. 그러나 일단 차를 팔고 난 다음에는 모두가 연락을 뚝 끊었다. 나만 그런 경험을 했을까? 유감스럽게도 내 주변의 동료 교수 몇 명에게 확인한 결과 나와 다른 경우는 단 한 명도 없었다.

그 세일즈맨들은 차 한 대씩만 팔고 모두 죽었을까? 아마도 그렇지는 않을 것이다. 그보다 그들은 아직도 잠재적 단골고객을 외면하고 신규고객을 확보하느라 진땀을 빼고 있을 것이다. 아니면 영업에 실패해서 일터를 떠났을 가능성이 더 높다. 그들은 차를 한번 구입하면 몇 년 동안 새 차를 구입할 일이 없을 것이기 때문에 기존고객에게 배려할 시간과 정성을 새로운 고객을 확보하는 데 쓰는 것이 더 낫다고 생각했을 것이다.

그러나 차를 팔고 난 다음에도 오랫동안 고객에게 세심한 배려를 해준다면 어떤 일이 일어날까? 고객은 주변사람들이 차를 구입하려고 하면 그 세일즈맨을 소개시켜주고 싶을 것이다. 그렇게 되면 단골고객들은 신규고객을 확보해주는 자발적인 영업보조원이 되어줄 뿐 아니라 몇 년이 지나면 그 고객 역시 그에게서 다시 새 차를 구입할 것이다. 결국 고객이 고객을 만들어내고, 단골고객은 기하급수적으로 늘어날 것이다.

일반적으로 기존고객에 대한 사후관리는 신규고객을 확보할 때보다 훨씬 적은 시간과 정성을 요한다. 그렇지만 훨씬 더 많은 단골고객을 만들어주며 장기적으로는 훨씬 더 많은 수익을 올려준다. 이 사실을 깨닫지 못하는 사람은 결코 영업에서 성공할 수 없다. 단골고객을 확보하기 위해서는 제품을 팔고 난 후, 고객에 대한 세심한 배려가 무엇보다 중요하다.

사람의 크기는 떠날 때 판가름난다

어떤 기업의 전직 투자사업본부장이었던 김모 씨는 명예퇴직으로 23년간 다니던 직장을 잃게 되었다. 그러자 그는 10개월 동안이나 그 회사의 사장, 전무, 감사 등을 찾아가서 15억 원을 내놓지 않으면 회사의 비리를 고발하겠다고 협박한 혐의로 구속됐다.

주방기구 제조업체에서 14년 동안 일했던 손모 씨는 자신이 다니던 회사를 상대로 스물네 차례에 걸쳐 3억 원을 내놓지 않으면 회사에 불을 지르겠다고 협박했다. 회사측이 요구를 들어주지 않자, 돈을 보내지 않으면 이렇게 된다는 것을 보여주기 위해 회사의 하적장에 불을 질러 3억 원 이상의 피해를 입힌 혐의로 구속됐다.

인터넷 광고회사에서 근무했던 송모 씨는 같은 업종의 다른 회사로 자리를 옮긴 뒤 자신이 근무했던 회사의 홈페이지로 침투해 600여 개의 인터넷 광고가 실린 홈페이지를 삭제했다. 그 대신 누드사진을 게재해서 가입자들이 광고에 접속하지 못하게 한 혐의

1%만 바꿔도 인생이 달라진다

로 구속됐다.

이상의 사건들은 모두 자기가 몸담았던 회사에 앙심을 품고 해코지를 했던 사건들이다. IMF 한파 이후 전국적으로 구조조정 바람이 불어 해고사태가 늘자, 회사 기밀을 빼내 경쟁사에게 넘기거나 회사 비리를 빌미로 협박하는 사건들이 급격히 늘어났다.

앞에서 소개한 사건의 당사자들이 입사면접 때는 어떤 태도를 보였을까? 모르긴 해도 누구보다 회사를 위해 열심히 일하겠다고 하지 않았을까? 그래서 그들은 그 회사에 몸담게 되었을 것이다.

끝은 곧 새로운 시작

대부분의 사람들은 직장을 그만두게 되면 어느 정도 서운한 감정을 갖고 떠난다. 원하지 않은 해고를 당했을 때는 더 말할 것도 없다. "뒷간 들어갈 때와 나올 때 다르다"는 말이 있듯이, 입사할 때와는 딴판이 되어 회사를 떠나는 사람들이 의외로 많다. 그들 중 막판에는 그 직장이나 거기에 남아 있는 사람들을 다시는 상종하지 않을 것처럼 막 대하거나 심지어 회사에 분풀이를 하는 사람들도 있다.

물론 요즘같이 구조조정이 일상화된 상황에서는 억울하게 퇴출당할 수도 있으며, 그럴 때는 당연히 분노가 솟구칠 것이다. 그렇지만 어느 사회에서나 다수의 대중과 나머지 소수의 경쟁력 있는 사람들이 있다. 억울한 경우조차도 끝마무리를 아름답게 처리하는 사람들이다. 우리말에 '끄트머리' 라는 말이 있다. 이 말은 끝과 머리를 합쳐놓은 말로, 끝은 항상 또 다른 시작이라는 의미를 담고 있다. 영어의 'last' 란 단어 역시 형용사로 '맨 마지막, 최후의, 최근, 끝' 이라는 의미를 가지고 있다. 그러나 동사로는 '계속되다, 존속하다, 지속하다' 는 의미로 사용된다.

여름의 끝은 곧 가을의 시작이며, 연말은 언제나 연시로 이어진다. 떠나는 그 순간, 언제 또 보겠냐는 생각을 할 수도 있다. 그러나 어떤 끝이든 그것은 단지 새로운 시작일 뿐이다.

우리는 모두 언젠가는 지금 있던 자리를 떠난다. 그리고 뭔가를 새로 시작해야 한다. 멋진 시작을 위해서는 마무리를 멋지게 지어야 한다.

아름다운 전직과 퇴직은……

● **감정적인 반응을 자제하라** : 퇴직을 당하게 되면 좌절감, 분노, 무력감 등으로 충동적인 행동을 할 가능성이 높다. 그러나 침착하게 끝마무리를 짓는다면 당신의 가치는 높이 평가되고 자존심도 높아질 것이다.

● **충실하게 마무리를 지어라** : 최선을 다해 끝까지 하던 일을 깔끔하게 마무리하라. 새로운 고용주는 이전의 직장을 그만둔 태도를 가장 비중 있는 평가자료로 취급한다. 끝이 깔끔하면 언젠가는 전 직장 동료들의 도움을 받게 될 것이다.

● **동료나 상사에게 감사하고 보답하라** : 대부분의 사람들에게는 어려운 일이다. 하지만 당신이 동료나 상사에게 그동안의 협조와 지원에 감사하고 보답하는 자리를 마련한다면 그들에게 당신은 특별한 사람이 될 것이다. 그것이 인맥이다.

● **다녔던 회사를 욕하고 다니지 말라** : 퇴직을 당한 많은 사람들이 틈만 나면 전 직장에 대한 험담을 늘어놓는다. 그렇게 한다고 나아질 것도 없을 뿐 아니라, 험담을 듣는 사람들은 당신을 점점 더 나쁘게 평가할 것이다.

끝마무리를 제대로 해야 되는 것은 제품을 팔 때, 직장을 그만둘 때뿐이 아니다. 제품을 생산할 때나 하루 일과를 끝낼 때도 마무리를 잘해야 하며, 연인과 결별할 때도 좋은 인상을 남겨야 한다.

사람의 크기는 일이 잘 풀리지 않았을 때의 태도로 알 수 있는 법이며 그가 떠나간 다음에야 제대로 평가할 수 있다. 그릇이 큰 사람과 그렇지 못한 사람들의 차이는 시작보다 끝마무리 방식에서 더 크게 벌어진다.

노자는 "끝 조절을 처음과 같이 하면 실패하는 일이란 결코 없다."고 말한 바 있다.《화엄경》에서도 '초발심시 변정각 初發心時便正覺', 즉 처음 발심한 그것이 변치 않고 그대로 있으면 곧 부처의 경지에 도달할 수 있다면서 끝맺음을 처음과 같이 할 것을 강조하고 있다. "시작이 반"이라는 말이 있다. 그러나 '끝은 전부' 임을 명심하자.

Think Think Think !

‡ 나는 일과 관련해서 끝마무리를 어떻게 짓는 편인가?

----

‡ 어떤 사람과 관계를 끝낼 때 나는 어떻게 마무리를 짓는가?

----

‡ 이 책과 관련해서 멋진 마무리를 지어본다면?

1%만 바꿔도 인생이 달라진다

목수의 집

나이가 많아 은퇴할 때가 된 한 목수가 어느 날 고용주에게 이제 일을 그만두고 남은 여생을 가족과 보내고 싶다고 말했다. 고용주가 가족들의 생계를 걱정하며 극구 말렸지만 목수는 앞으로도 잘 살아갈 수 있다고 하면서 그만두겠다고 했다.

고용주는 훌륭한 일꾼을 잃게 되어 무척 유감이라고 말하면서 마지막으로 집을 한 채 더 지어줄 수 있는지 물었다. 목수는 "물론입니다."라고 대답했지만, 그의 마음은 이미 일에서 멀어져 있었다.

그는 형편없는 일꾼들을 급히 모으고는 조악한 자재를 사용하여 집을 지었다. 집이 완성되었을 때, 고용주가 집을 보러 왔다. 그는 집을 보는 대신, 목수에게 현관 열쇠를 쥐어주면서 "이것은 당신의 집입니다. 오랫동안 당신이 저를 위해 일해준 보답입니다."라고 말했다.

충격적인 일이었다. 만일 목수가 자신의 집을 짓는다는 사실을 알았더라면 아마도 그는 완전히 다른 방식으로 집을 지었을 것이다. 지금쯤 그는 더 이상 수리할 필요가 없는 훌륭한 집에서 살 수 있었을 것이다.

- 존 퍼먼

여전히 가능성은 남아 있다

현재의 나는 바로 나 자신이 만들어낸 것이다. 그래서 현재 상태가 만족스럽지 못하다면 "내가 해온 생각과 행동이 앞으로도 지속할 가치가 있는가?"라고 자문해봐야 한다. 그렇지만 지난 일들을 돌아보는 데 너무 많은 에너지를 소모해서는 안 된다. 현재에 전심전력을 다할 수 없고 결과적으로 얻을 수 있는 것도 별로 없기 때문이다.

대신, '이제부터 할 수 있는 일이 무엇일까?'라는 질문을 수시로 던져야 한다. 그리고 지금까지와는 다른 방식으로 생각하고 행동해야 한다. 왜냐하면 우리가 겪는 문제들은 문제를 만들어낸 그

당시의 방식으로는 해결이 불가능하며 다르게 생각해야 다른 것을 얻을 수 있기 때문이다.

나는 얼마 전에 내가 책임을 맡아 개원한 대학부설 상담센터 입구에 이런 격문을 붙였다. "모든 가능성을 다 시도해봤다고 할지라도 여전히 가능성은 남아 있다." 독자 여러분에게도 똑같은 말을 하고 싶다.

나는 그동안 많은 사람들에게 빚을 지고 살았다. 이 책을 쓰는 동안에도 여러 사람들에게 빚을 졌다. 이 자리를 빌어 그들에게 감사의 말을 전하고 싶다. 누구보다 먼저 감사해야 할 사람들은 내가 가르치고 지도했던 사랑스러운 나의 학생들이다. 그들은 내 강의에 열심히 귀 기울여주었으며, 강의실에서, 연구실로 찾아와서, 때로는 이메일로 내게 여러 가지 질문을 해주었다. 이 책의 내용은 대부분 평소 내가 그들에게 들려준 이야기들로 꾸며졌다.

원고를 정리하는 과정에서도 많은 학생들의 도움을 받았다. 대학원생 문한나, 김하나, 노지혜 양과 서종한 군은 원고의 문제점을 진솔하게 지적하고 여러 가지 대안을 제시해주었다. 또 학부생인 권은미, 박계정, 박상희, 설진미, 이랑 양과 김지훈, 송승훈 군은 자발적으로 원고검토를 지원했으며 원고에 대한 소감과 많은 아이디어를 제공해주었다. 나는 그들의 친절함을 오래도록 잊지 못할 것이다.

실패의 진정한 의미

1. 실패는 당신이 실패자임을 의미하는 것이 아니다. 그것은 아직 성공하지 못했다는 것을 의미할 뿐이다.

2. 실패는 당신이 아무것도 성취하지 못했다는 것을 의미하는 것이 아니다. 그것은 무엇인가를 새로 배웠다는 것을 의미할 뿐이다.

3. 실패는 당신이 바보였음을 의미하는 것이 아니다. 그것은 당신이 많은 신념을 가졌음을 의미할 뿐이다.

4. 실패는 당신의 체면이 손상되었음을 의미하는 것이 아니다. 그것은 뭔가 시도하고자 했음을 의미할 뿐이다.

5. 실패는 당신이 소유하지 못했음을 의미하는 것이 아니다. 그것은 다른 방법으로 뭔가 해야 함을 의미할 뿐이다.

6. 실패는 당신이 열등함을 의미하는 것이 아니다. 그것은 아직 완전하지 못함을 의미할 뿐이다.

7. 실패는 당신이 인생을 낭비했음을 의미하는 것이 아니다. 그것은 새 출발할 이유가 있음을 의미할 뿐이다.

8. 실패는 당신이 포기해야 함을 의미하는 것이 아니다. 그것은 더 열심히 해야 함을 의미할 뿐이다.

9. 실패는 당신이 결코 할 수 없음을 의미하는 것이 아니다. 그것은 시간이 좀더 오래 걸릴 것임을 의미할 뿐이다.

10. 실패는 하나님께서 당신을 외면했음을 의미하는 것이 아니다. 그것은 하나님께서 더 좋은 생각을 지니고 계심을 의미할 뿐이다.

11. 실패가 당신을 실패하게 만드는 것이 아니다. 다만 중단하는 것만이 실패하게 만들 뿐이다.

- 로버트 슐러